“運命星”の割り出し方

六星占術では、生まれもった運命を**土星**、**金星**、**火星**、**天王星**、**木星**、**水星**の６つの星に分けて占います。これは生年月日によって決定され、自分の力では変えることのできない〝運命星〟なのです。

❶運命数を出す

運命数は、生まれ年と生まれ月から導き出します。まず、**裏面にある「運命数表」を見てください**。たとえば、昭和47年４月10日生まれのＡさんを例にとると、**運命数＝59**となります。

❷星数を出す

運命星を知るには星数を出さなくてはなりません。①で出た運命数から１を引き、生まれ日を足した数が星数になります。Ａさんの場合は59－１＋10＝68となり、**星数は68**です。

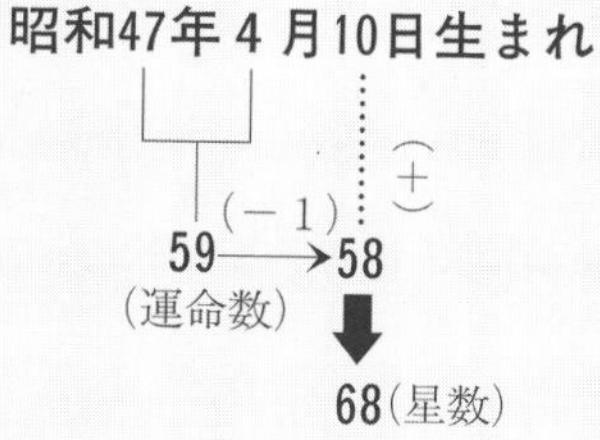

❸星数から運命星を知る

自分の星数を下の表にあてはめれば、自分の運命星がわかります。ただし、Aさんのように星数が61以上の人の場合は、そこからさらに60を引きます。たとえば、Aさんの星数は68ですから68－60＝８。星数は８となり、**土星人**になります。

〈星数〉	〈運命星〉	〈星数〉	〈運命星〉
1～10	**➡土 星 人**	**31～40**	**➡天王星人**
11～20	**➡金 星 人**	**41～50**	**➡木 星 人**
21～30	**➡火 星 人**	**51～60**	**➡水 星 人**

❹運命星が陽(＋)《プラス》か、陰(－)《マイナス》かを知る

下の表から、自分の生まれ年の干支《えと》にもとづいて、運命星が陽(＋)であるか、陰(－)であるかを出します。Aさんは昭和47年(子《ね》年)生まれですから、**陽(＋)**の土星人となります。

以上のようにして割り出したあなたの運命星にしたがって、それぞれの本をお買い求めください。

子《ね》年生まれ(＋)	**丑《うし》年生まれ(－)**	**寅《とら》年生まれ(＋)**	**卯《う》年生まれ(－)**	**辰《たつ》年生まれ(＋)**	**巳《み》年生まれ(－)**	**午《うま》年生まれ(＋)**	**未《ひつじ》年生まれ(－)**	**申《さる》年生まれ(＋)**	**酉《とり》年生まれ(－)**	**戌《いぬ》年生まれ(＋)**	**亥《い》年生まれ(－)**

[平成21年版]

六星占術による

天王星人の運命

細木数子

30868

細木数子連絡事務所

★東京本部★

(〒162-0825)東京都新宿区神楽坂3-2　神楽坂Kビル2階

☎03(5261)5671

★京都支部★

(〒615-8237)京都府京都市西京区山田中吉見町7-1

☎075(393)8680

はじめに

「六星占術」もおかげ様で三十年目を過ぎ、いよいよ次のステージに進みつつあります。私自身もそうですし、読者の皆さんもそうあっていただきたいと思っております。「占い」なんだからと簡単に考えていると、何年「六星占術」を学んでいても、「心」の大切さを知った、本当に幸せな人生を手にすることはできません。

いつも申し上げているように、「六星占術」は「時間」をもとに、「衣食住」の基本を手ほどきしたものです。衣食住がすこやかなら、「心」もおのずと健康な方向に向かっていきます。ただ、それは言葉でいうほど簡単なことではありません。その橋渡しをして差し上げるのが私の役割ではないかと、近頃、思いはじめるようになりました。

読者の皆さんも、どうか「六星占術」の基本にもう一度たち返って学びを深め、〝幸せのレシピ〟をご自身のものにしてくださるよう、願っております。

二〇〇八年八月

細木数子

天王星人の運命●目次

❸〈平成21年版〉天王星人の運命——51

平成20年10月〜

❹〈平成21年版〉天王星人の月別運気——69

AD★長友啓典　カバーデザイン★三田村邦亮＋K❷　装画★灘本唯人　本文イラスト★綾　幸子　電植製版★三協美術

❶——幸運を招く「六星占術」の秘密

◆「六星占術」は「心のあり方」を学ぶ人間学のはじまり

毎日、さまざまな事件がテレビや新聞をにぎわせていますが、日本人の「心」がすさんできているのでしょうか、人を人とも思わない非道《ひどう》な事件が相次《あいつ》いで起こっています。

将来に希望の持てない閉塞《へいそく》感が、知らず知らずのうちに人々の心を蝕《むしば》んでいるのかもしれませんが、本当の原因は社会や環境にあるのではありません。

それは、まさに人間としての徳を見失《みうしな》い、人間の「心」のよりどころとなるものを失ってしまったからです。そのために、人間の「心」そのものが弱まり、正邪《せいじゃ》の判断がつかなくなっているのです。

科学が絶対である、科学的根拠《こんきょ》がないから信用できないなどという言葉を平気で口にする学者が社会で重《おも》んじられてきたために、人間の持つ「心」、そして生命力の存在が軽《かろ》んじられてきたのではないでしょうか。

しかし、「心」を軽んじるあまり、「心」そのものが弱くなってしまえば、自分らしい生き方を求めることなどできませんし、人間が人間らしく生きていくこともできないと、私は思います。

科学の著《いちじる》しい発展によって、人間にとっては本当に便利な世の中になりました。

それはそれで、とてもありがたいことなのですが、科学が絶対である、となぜ言い切ることができるのでしょうか。

仮に、1という数字を3で割ってみてください。0・333……と、どこまでいっても割り切ることはできません。しかし、私たち人間の手を使えば、ひとつのものを三つに分けることができます。このことは、科学の持つ限界を象徴《しょうちょう》しています。

それより、いまも昔も変わらず、人間としていちばん大切なことを教えてくれる、「天地自然《てんちしぜん》の法則《ほうそく》」に従うべきではないでしょうか。

この天地自然の法則とは、人間が一切《いっさい》手をかけていない自然界、宇宙の仕組みのことを言います。この自然界、宇宙の仕組みから、私たちは、ありとあらゆる恵みを受けながら、人間として生かされているのです。

生かされているということは、生きていくことにもつながります。そして、生きていくうえにおいては、時間との関《かか》わりが生じてきます。そうです、私たち人間が生きるということは、時間を生きていることになるのです。

その時間を大切にするために、人間にのみ授《さず》かった「心」を磨《みが》くことがいちばん重要なのです。この「心」を磨くことで、人格を高め、位《くらい》の高い人生を歩むことができるのです。それには、何といっても、学問をすることが必要です。学問といい

ましても、今日《こんにち》のように学校で学ぶことだけではありません。人間は死ぬその瞬間まで、ありとあらゆる教えを学ぶことの大切さを知ることが重要なのです。

私は、これまでにいろいろな方面から本を書いてきました。それは、「心」を失った人々があまりにも多いからです。人間が人間として学ぶべきことを学ばずに生きている、そして、不幸な人生を辛《つら》そうにして、やっと生きている人々を、心の底から救ってあげたいと思う気持ちから、私自身が学んできたことを本にまとめて出版してきました。

「心」については、とくに『六星占術　心の常識』（主婦と生活社刊）、『新・六星占術の魂生《こんしょう》』（主婦と生活社刊）、『あなたの知らない世界　霊《れい》と璞《あらたま》』（祥伝社刊）などで詳しく述べていますので、何かの機会に読んでいただけたらと思います。

◆時間とともに生きる人間の運命を読む「六星占術」

さて、人間が時間を生きるということが絶対であるならば、その時間と人間との関《かか》わりを知ることで、あなたの過去・現在・未来の運命が、手に取るようにわかるはずです。さらに、時間と密接な関わりを持つ、人間の気質《きしつ》や性格、他人との相性、方位なども的確に知ることができます。

「六星占術《ろくせいせんじゅつ》」のルーツは、中国四千数百年の昔に人間が生み出し、それ以来、長い時間をかけて育《はぐく》んできた統計学《とうけいがく》です。その膨大《ぼうだい》な資料をもとに、私が今日《こんにち》の時代に合わせて新たに編《あ》み出した占術――それが「六星占術」なのです。

「六星占術」という、人間学のはじまりとなる教えを知れば、あなたがこれから生きる人生の時間を大切にしつつ、幸せな道を生きることができるとお約束します。

「六星占術」の背景にあるのは、私たち人間の力ではどうしようもない「天地自然の法則」です。天地自然の法則とは、いわば神秘の世界である「神」の意志であり、いくら科学や技術が発達したところで、勝手に変えたりすることはできません。

天地自然の法則といっても、私たちが知っているのは、ごくかぎられた一部でしかありません。季節の移り変わりがその典型ですが、それすら、住んでいる場所によっては、感じられないこともあります。

だからといって、そうした自然界の法則を無視していると、時として、自然界の大変な怒りを受けることがあります。たとえば、地震や台風、火山の大噴火《だいふんか》、落雷《らくらい》、竜巻《たつまき》が起こったときなど、私たち人間は大自然の恐《おそ》ろしさをいやおうなく感じさせられます。

〝天災《てんさい》は忘れたころにやってくる〟という言葉がありますが、これは、大自然の存

在、また、それによる恩恵《おんけい》をついつい忘れがちな私たち人間に対する、「神」の怒りである——古代より人々はそのように考えてきました。

天地自然の運行といっても、それは一定のリズム（周期）に基《もと》づいています。そのリズムは、時には穏《おだ》やかに、時には激しく刻《きざ》まれます。それとちょうど同じように、私たち人間も、一定のリズムに従って生きているというのが、「六星占術」が教えてくれるもっとも大事なポイントです。

後で詳しく説明しますが、どんな人にもかならず〝大殺界《だいさっかい》〟という時期が訪《おとず》れます。〝大殺界〟などと言うと、いかにも恐ろしい感じがしますが、自然界で言えば、ちょうど嵐や大地震のことだと考えるとわかりやすいかもしれません。

人間に照《て》らして言えば、つつがなく生きていくために必要なエネルギーが奪《うば》われることを意味しています。そんなときに、新しく物事をスタートさせようと思ってもうまくいくわけがありません。真冬に、Tシャツ一枚で外に出るようなものです。そんなことをすれば、ふだんはどんなに丈夫《じょうぶ》な人でも、たちどころに風邪《かぜ》をひいてしまうことでしょう。寒いときには寒いとき用の、暑いときには暑いとき用の服装をしなければ、健康を保つことなどできません。

「六星占術」は、そうした私たち一人ひとりにとっての、いわば人生の季節の移り

変わりを教えてくれる羅針盤《らしんばん》のようなものです。

私たち人間の運命には、天地自然の運行と同じく、一定の周期がある――これが「六星占術」の考え方の基本になっています。どのような周期かと言いますと、それは自然界とまったく同じで、12年で一巡《いちじゅん》する周期です。

◆人間の我がままに警告を発する〝大殺界〟

人間は、どこかほかの天体や宇宙からやってきたわけではありません。いま生きているこの地球、この宇宙の中で生まれ、これまで生きてきたのです。この宇宙自体は12年という周期で活動しているというのが、万象学《ばんしょうがく》や算命学《さんめいがく》による結論です。その成果が、12進法と言ってよいでしょう。時計は「12」という数字を基準にしてつくられています。その宇宙とともに生きている人間の運命のリズムも、やはり12年（12カ月）をひと区切りとしているのです。ところが、人間には「心」というものがあります。この「心」がじつに我がままで、この大宇宙のリズムから離れ、自分勝手なリズムを刻《きざ》もうとするのです。しかし残念なことに、そうしたことをすると、たちどころに〝神の間引《まび》き〟に遭《あ》ってしまいます。だれが何と言おうと、これはどうしようもない「さだめ」「約束ごと」なのです。

人間は、私たちが思っているほど偉大《いだい》な存在ではけっしてありません。しょせんは大宇宙とともに、また自然とともに生きていくしかないのです。ところが私たち人間は、ついついその大原則を忘れてしまいます。近ごろ問題になっている環境破壊などは、そうした人間の傲慢《ごうまん》さがもっともひどい形で出たものだと思います。

大切なのは、人間は生かされているということを知ることです。ともすると私たちは、自分の力だけで人生を生きているというふうに錯覚《さっかく》しがちですが、じつはこれほど傲慢なことはありません。

どんな人も例外なく、父親と母親の二人から生まれています。その父親も母親も、それぞれの両親から生まれています。こうして、どんどんさかのぼっていったとき、だれもが数多くの祖先を持っていることがわかります。

その祖先からさらにさかのぼっていくと、最後はこの宇宙そのもの、大自然そのものにぶつからざるを得ません。つまり、私たちは人間の姿《すがた》形をしてはいるものの、本来は宇宙・自然と一体の存在なのです。

人間がほかの動物や植物と決定的に違うのは、「心」を持っているという点です。この「心」こそ、じつは私たちの人生を大きく左右している、大変重要な存在なのです。「心」の持ちようで私たちのものの考え方、他人とのつき合い方、仕事の仕方、

ひいては生き方そのものが大きく変わっていきます。

つまり運気が変化するといっても、そのときどきに合った「心」の持ち方さえ確かなものになっていれば、それほど動揺《どうよう》する必要はないのです。ところが悲しいことに、私たち人間はついついその「心」の存在を忘れ、我がままに振る舞おうとするものですから、さまざまな悩みや災厄《さいやく》に振り回されることになります。

そうした人間の我がままに警告を発してくれるのが、「六星占術」で説《と》いている〝大殺界〟と言えるでしょう。この〝大殺界〟の時期に我がままをとおそうとしても絶対にうまくいきません。それどころか、思ってもみなかったトラブルに襲《おそ》われ、時には取り返しのつかない事態すら招きかねません。これは、天地自然の法則＝リズムに逆らっているのが最大の理由です。

◆〝大殺界〟の魔力に翻弄された亀田ファミリー

〝大殺界〟のときは、不可解《ふかかい》な行動をとってしまうことがよくあります。なぜあんなことをしてしまったのか、後で振り返って自分でもわからないことが少なくありません。しかし、それが〝大殺界〟の得体《えたい》の知れない恐《おそ》ろしさでもあるのです。

平成19年10月11日におこなわれたWBC世界フライ級タイトルマッチは、ボクシ

ングファンならずとも強く印象に残っているに違いありません。対戦が決まったときから、亀田《かめだ》三兄弟の次男・大毅《だいき》選手が日本人最年少チャンピオンを目指して王者・内藤大助《ないとうだいすけ》選手に挑戦するということで大きな注目を浴《あ》びていました。

試合前の会見で、年上の世界王者を「ゴキブリ」呼ばわりし、「負けたら切腹《せっぷく》する」とまで豪語《ごうご》していた大毅選手でしたが、いざ試合がはじまると完全に内藤選手のペースとなります。キャリアの差を見せつけて着々《ちゃくちゃく》とポイントを稼《かせ》いでいく内藤選手に対し、負けを覚悟《かくご》して自暴自棄《じぼうじき》になったのか、後半、大毅選手は悪質《あくしつ》な反則行為をくり返しました。

最終の12ラウンドでは、クリンチの際《さい》に内藤選手を投げ倒して一点減点。さらには、レスリングのように相手を持ちあげて投げ捨《す》てようとした反則で二点減点。同じラウンドで三点も減点されるという、前代未聞《ぜんだいみもん》の判定負けで幕を閉じました。試合後は、大毅選手のたび重なる反則行為に非難《ひなん》が集中し、試合を中継した放送局にも抗議《こうぎ》の電話やメールが殺到《さっとう》したそうです。

日本ボクシングコミッション（JBC）は、「ボクシングを冒瀆《ぼうとく》し、日本のボクシングにダメージを与え、ファンの信頼を損《そこ》ねた」として、大毅選手を一年間の資格停止、反則を指示した父・史郎《しろう》トレーナーにはセコンドライセンスの無期限停止、同

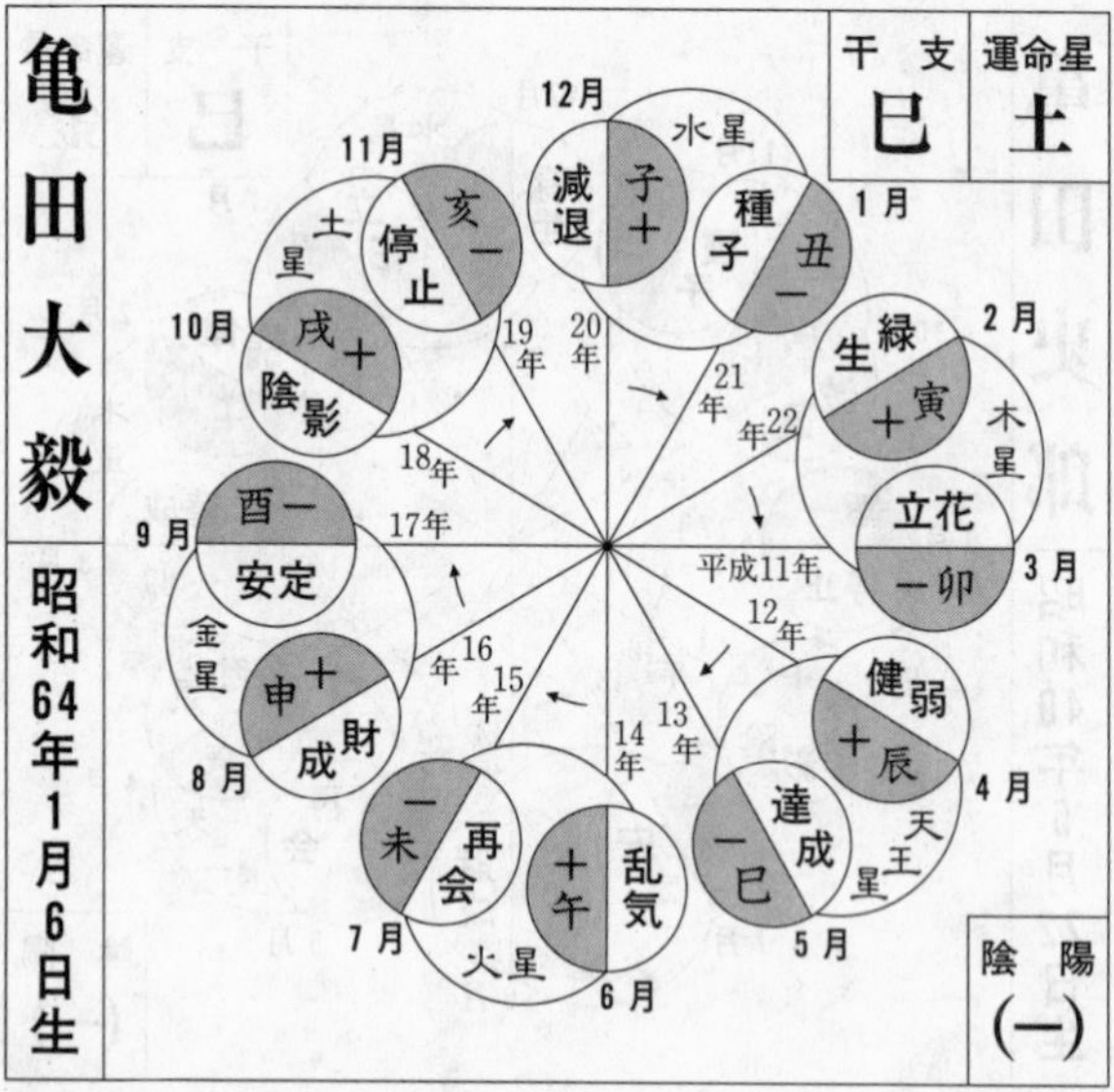

じく兄・興毅《こうき》選手には厳重戒告《げんじゅうかいこく》処分《しょぶん》を下《くだ》しました。

大毅選手は昭和64年1月6日生まれの土星人(一)で、平成19年10月は、年運が〈停止〉、月運も〈陰影〉と、ともに〝大殺界〟でした。〝大殺界〟が重なっているので冷静な判断ができなくなっているうえ、内藤選手に軽くあしらわれて頭にカーッと血が上《のぼ》り、あのような卑劣《ひれつ》な行為に走ってしまったのでしょう。

一方で、11ラウンドがはじまる前、「ヒジでもいいから目に入れろ」と指示したとされる興毅選手は、昭和61年11月17日生ま

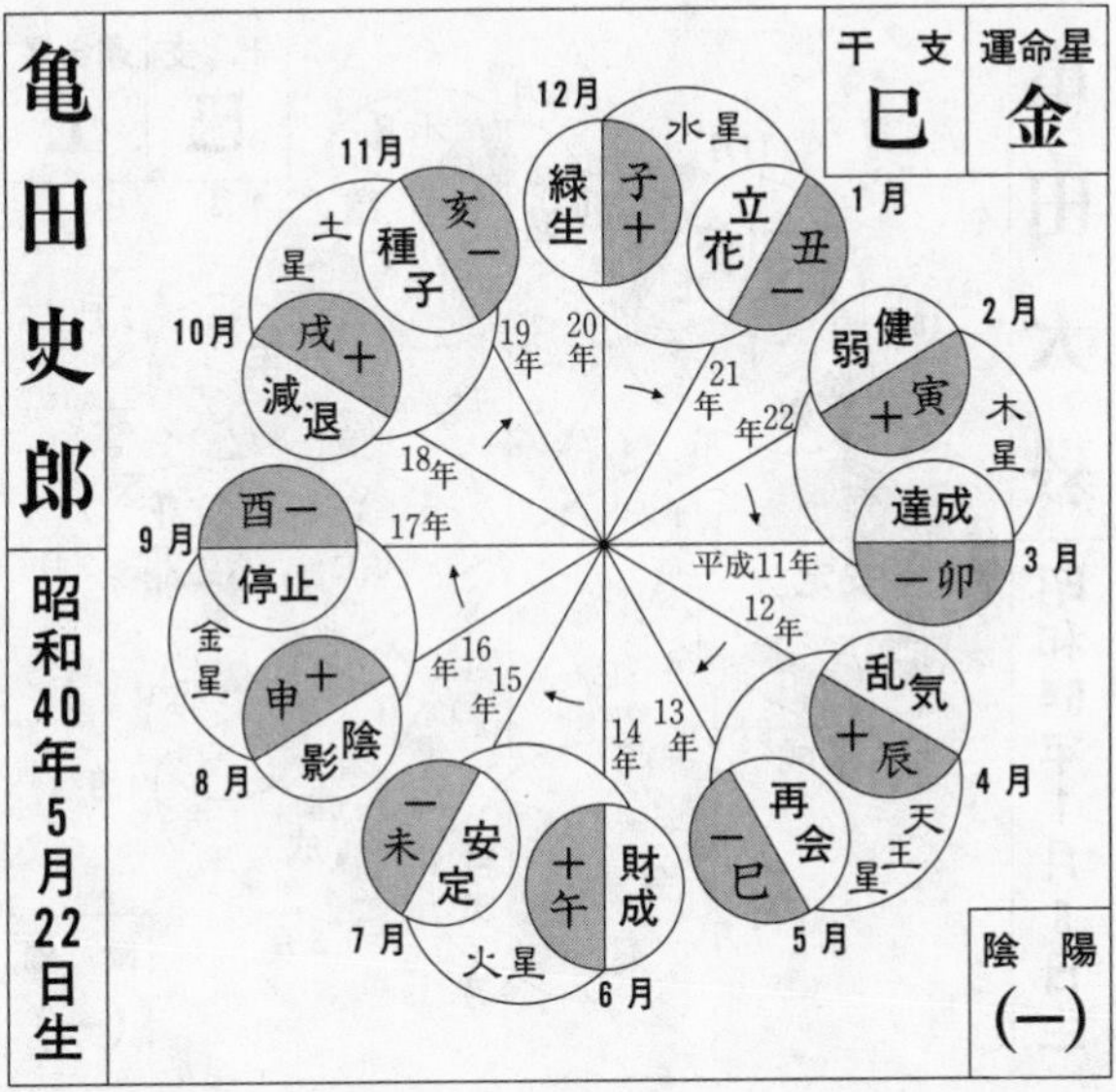

れの土星人（＋）ですから、年運が〈減退〉、月運が〈停止〉と、大殺選手と同様、〃大殺界〃が重なっていました。

また、父・史郎さんは、昭和40年5月22日生まれの金星人（－）ですから、年運は〈種子〉だったものの、月運が〃大殺界〃の〈減退〉でした。

これだけ一家に〃大殺界〃が絡《から》んでいれば、何が起きても不思議ではありません。親子そろって醜態《しゅうたい》をさらし、世間から非難を浴びることになったのもうなずけますが、事はそれだけではおさまりませんでした。

大毅選手は翌平成20年1月、追突事故を起こした際、「車っちゅうのはぶつけるもんや」と発言して物議《ぶつぎ》をかもしました。また、練習再開以降、亀田兄弟は協栄《きょうえい》ジムではほとんど練習せず、メキシコ行きをくり返したことから協栄ジムとの関係が悪化。平成20年5月、とうとう契約を解除《かいじょ》されてしまいました。

日本のボクシング選手は、日本のジムに所属しなければ国内で試合ができないため、窮地《きゅうち》に立たされた亀田兄弟にとって、残された道は、①ジムの移籍《いせき》、②海外に拠点《きょてん》を移す、③亀田ジムを設立して独立――という三つだそうです。しかし、ゴタゴタ続きの亀田ファミリーを受け入れるジムはありそうもなく、テレビ局などの絡みで海外での活動もむずかしいと言われていました。

残されたのは③ですが、ジムの設立には、協会に加盟する会長の推薦と、ジム代表者として十年以上のライセンス保持者が必要となります。史郎さんがセコンドライセンスの無期限停止中であり、当初、設立は困難《こんなん》と見られていましたが、やっとのことでメドが立ったようです。

一時は、興毅選手、大毅選手ともに引退の危機にまで追い込まれましたが、それもこれも自分たちがまいた種です。〝大殺界〟ゆえに、あのような常軌《じょうき》を逸《いっ》した行動に走ってしまったと反省するならまだしも、その後も好き勝手なことをくり返して

いるのですから、そのツケが回ってくるのは当然と言えるでしょう。

大毅選手と内藤選手の試合が、亀田ファミリー凋落《ちょうらく》のきっかけとなったのは間違いなさそうですが、じつは、それは氷山《ひょうざん》の一角《いっかく》に過ぎません。いちばんの原因は、父の史郎さんが息子たちを大阪のグリーンツダジムから東京の協栄ジムに移籍させた時期にありました。それは平成17年のことでしたが、史郎さんは〝大殺界〟のど真ん中＝〈停止〉だったのです。

息子たちを世界チャンピオンにするため東京進出を図《はか》ったのでしょうが、〝大殺界〟の時期に大きく動いたことで、一時は、世界チャンピオンどころか、国内で試合すらできずに引退の窮地《きゅうち》に追い込まれつつあった状況――。〝大殺界〟の恐ろしさを改めて思い知らされる好個《こうこ》の例と言えそうです。

◆浜崎あゆみさんの難聴も〝大殺界〟の時期に発症

平成20年の年明け早々、日本中に衝撃《しょうげき》的なニュースが流れました。人気歌手の浜《はま》崎《さき》あゆみさんが、「左耳はもう完全に機能《きのう》しておらず、治療の術《すべ》はないと診断されたんだ」と自身のファンクラブのホームページ上で告白したのです。

難聴《なんちょう》の自覚症状《じかくしょうじょう》が出たのは、それより八年近く前、平成12年5月のことだそう

です。この年の4月28日から初めての全国コンサートツアーをスタートさせた浜崎さんですが、5月上旬から「音が聞きとりにくい」と訴《うった》えていたといいます。そして、5月下旬に風邪《かぜ》で体調を崩《くず》し、病院で検査を受けたところ、「突発性内耳障害《とっぱつせいないじしょうがい》」（突発性難聴）と診断されたのです。

医師からは「すぐに治療に専念《せんねん》したほうがいい」と言われましたが、本人の強い希望で、6月3日の第一幕のファイナルまでツアーを強行《きょうこう》。その後、6月21日にスタートする第二幕に向けたリハーサル中にふたたび症状が悪化し、再検査の結果、緊急治療が必要ということで、第二幕公演を延期することになりました。

突発性難聴は、通常、片方の耳が突然聞こえなくなる病気で、有効な治療法がまだ明らかでないため、厚生労働省が「特定疾患《しっかん》」に指定する難病《なんびょう》のひとつです。ただ、発症《はっしょう》初期に治療すれば、30〜40％の確率で完治するとも言われています。

昭和53年10月2日生まれの浜崎さんは天王星人（＋）で、最初に異常を感じた平成12年は〝大殺界〟ど真ん中の〈停止〉。5月の月運も〝大殺界〟の〈減退〉でした。〝大殺界〟の時期は、ちょっとした病気でも甘く考えてはいけません。後々《のちのち》まで大きな影響を及《およ》ぼすことにもなりかねないからです。

浜崎さんの場合も、自覚症状が出たときに完全に治療しておけばよかったのです

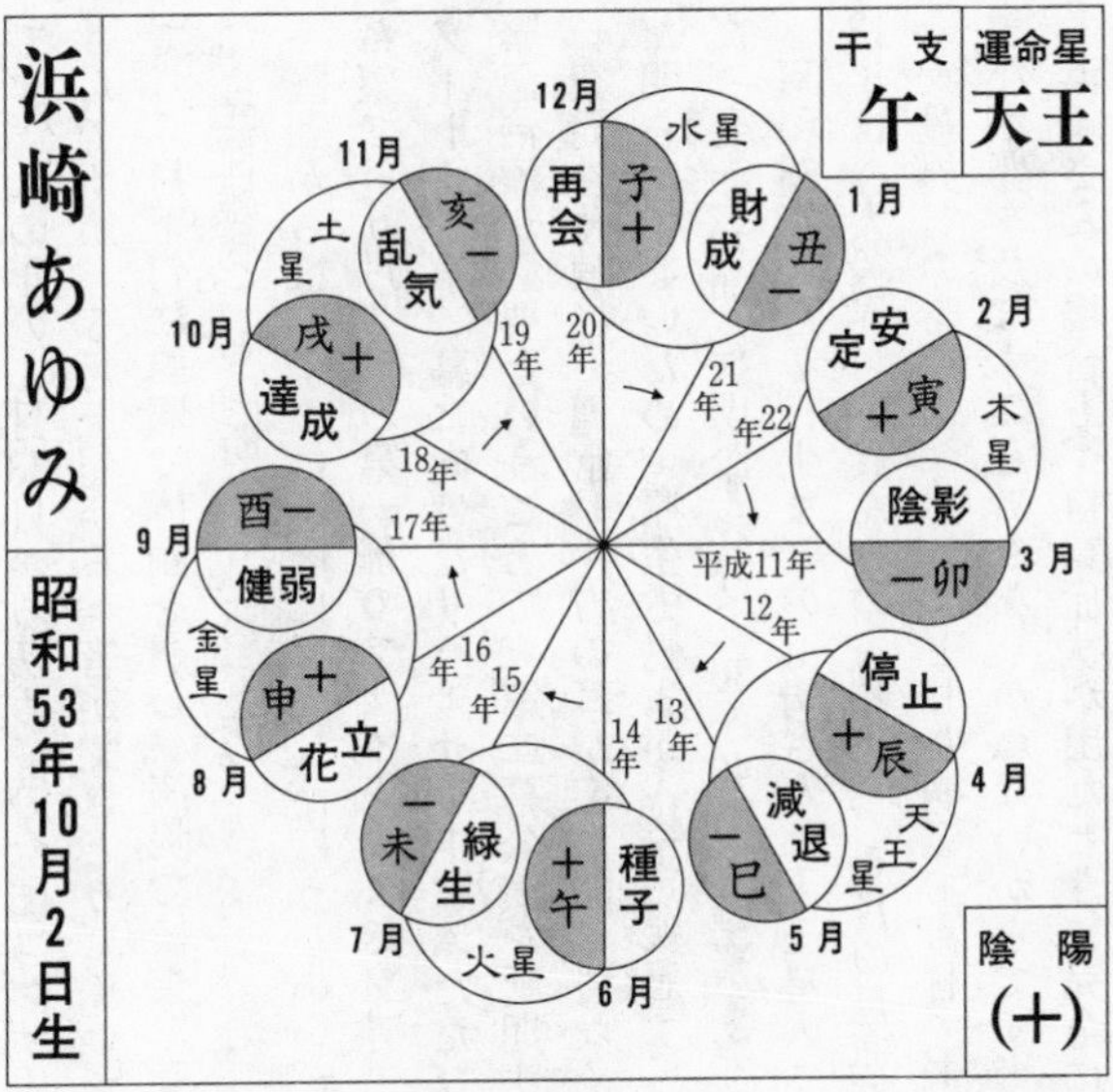

が、初の全国ツアーで大勢のファンが楽しみにしているだけに休むことができなかったのでしょう。その後も仕事が忙《いそが》しく、治療に十分な時間をとることができず、とうとう左耳が聞こえなくなるという事態におちいってしまったと考えられます。

また、天王星人特有の楽観主義的な性格も災《わざわ》いしたと言えるかもしれません。「手術なりを受ける時間をとりさえすれば、また聞こえるようになるんじゃないかって思ってた」というコメントにも、それがよくあらわれています。

しかし、浜崎さんは「残された右耳がいけるところまで、限界まで、歌い続ける。あきらめない」と宣言。平成20年には、デビュー十周年記念ツアーもおこないました。その年4月に発売した新曲『Mirrorcle World』がオリコンシングルチャート初登場第一位に輝《かがや》き、これで十年連続シングル一位獲得《かくとく》となり、女性アーティストとして史上初の快挙《かいきょ》を達成しました。

平成20年から三年間は好運気が続きますが、くれぐれも無理はしないことです。もう片方の耳を酷使《こくし》して聴力《ちょうりょく》が低下してしまったら、歌手生命もおぼつかなくなります。浜崎さんにはこれから先も長く歌い続けていってほしいだけに、そんなことにならないよう願うばかりです。

〈陰影〉〈停止〉〈減退〉の〝大殺界〟はもちろんのこと、〈乱気〉の〝中殺界《ちゅうさっかい》〟、そして〈健弱〉の〝小殺界《しょうさっかい》〟でも、けっして油断《ゆだん》しないでください。

◆〝中殺界〟では精神面に、〝小殺界〟では肉体面に歪みが生じる

〝大殺界〟のときだけでなく、〝中殺界〟でも、不運はいやおうなく訪《おとず》れます。

〝中殺界〟は〈乱気〉と言いますが、自分の意思とは無関係に、思ってもいないような行動に出てしまうという大きな特徴《とくちょう》があります。文字どおり「気が乱れる」の

ですが、精神面でさまざまなトラブルが生じやすい時期なのです。

いつもだったら何も感じないようなことに対しても、非常に敏感になり、過剰《かじょう》に反応してしまう傾向があります。ちょっとしたことでカッとなったり、あるいは悲しくなったりするなど、自分で自分を抑《おさ》えることができなくなるのです。

そして、それが原因で他人を傷つけたり、相手の機嫌《きげん》を損《そこ》ねたりしてしまい、結果として自分に大きく不利な状況を招いてしまうだけでなく、努力が無になったり空回《からまわ》りばかりすることも避《さ》けられません。

ですから、〈乱気〉に支配されているときは、自分の心を強力にコントロールするよう、常に心がけておく必要があります。自分も、また、周りの人たちも予想しないような行為に走る——それが〈乱気〉と考えていいのです。

また、いくら〝小〟といえども〝小殺界〟=〈健弱〉も油断《ゆだん》できません。

〈健弱〉は、その文字からも想像がつくでしょうが、とかく健康を損ねやすい時期です。〈種子〉以来の成長でたまってきた疲れが、肉体面に顕著《けんちょ》にあらわれるときと考えてください。とくに自分がふだんから抱《かか》えている弱点については、どんなに注意しても、し過ぎるということはありません。

〈健弱〉で無理をすると、目には見えないものに蝕《むしば》まれていきがちです。この時期

は、肉体面だけでなく、経済面、愛情面からも、自分や周囲を冷静にかえりみる、いい機会ととらえ、とくに肉体面での疲れを癒《いや》すことに専念《せんねん》する必要があります。

〝小殺界〟は、〝中殺界〟とともに、運命が低迷する時期ですから、油断せず、とにかく自重《じちょう》することが重要です。体調が優《すぐ》れなかったとしたら、大事をとって無理をしないとか、たとえ病《やまい》に倒れたとしても、長期療養《りょうよう》に入るように、常に心がけておけば、最悪の事態におちいることは避けられるはずです。

〝殺界〟が関《かか》わるところ、かならず運命の歪《ひず》みが生まれるというのが「六星占術」の原理なのです。〝中殺界〟だけでなく、〝小殺界〟のときでも先を焦《あせ》ることなく、過去を振り返り、また未来を見据《みす》えていくことを、けっして忘れないでいただきたいものです。

◆〝大殺界〟は自分らしさが失われるとき

では、〝大殺界〟のときはどのようにして過ごせばいいのか――こういう疑問が当然、起こってくることでしょう。私はそうしたとき、次のように答えています。

第一に、とにかく自分を〝抑《おさ》える〟ように努《つと》めること。そして、第二に、自分と相性の悪い人とつき合うこと。この二つが〝大殺界〟の魔力《まりょく》を多少なりともダウン

させる方法なのです。「自分を抑える」というのは、要するに、自分の運命星らしい生き方をしないことです。「相性の悪い人とつき合う」とは、〝毒を以《もっ》て毒を制す〟といった意味合いです。

〝大殺界〟の時期というのは、その人の運命のエネルギーが大幅に低下します。すると、すべての面にわたってギクシャクしてきます。〝大殺界〟に入ると、何となく体がだるく感じられます。当然のことながら、気力も充実しません。肌はカサカサし、唇《くちびる》はいつも紫色、また目つきも落ち着きを欠《か》き、鏡を見るのも嫌《いや》でたまらなくなります。要するに〝大殺界〟の時期というのは、自分が本来持っているエネルギーが失《うしな》われているわけですから、自分のよさがほとんど姿を消してしまうのです。そのため、心身ともにギスギスした感じが出てくるわけです。

女性の場合、そうした自分自身の「心」の状態がいちばんはっきりわかるのは、お化粧のときでしょう。〝大殺界〟の期間は、かならずと言っていいほど、お化粧の〝のり〟が悪くなります。それは化粧品のせいではありません。ひとえに肌の状態が悪くなるのです。肌というのは、その人の肉体の状態ばかりでなく、心の状態をも反映しています。

たとえば、恋人とうまくいっていて弾《はず》んだ気分のときは、どんなに寝不足でも、

お化粧の〝のり〟はいいはずです。逆に、会社で同僚《どうりょう》や先輩との関係がうまくいっていないときは、どんなに時間をかけてもなかなかうまくいきません。〝大殺界〟というのは、それが三年間も続くわけです。

そういうときに、たとえば行動的で派手《はで》好きという特徴《とくちょう》を持つ金星人が、いつもと同じように、派手なお化粧とファッションで外を出歩いたとしたら、何ともチグハグな感じに映ることでしょう。周囲の人は、「何だか無理している感じだな」「まるで化け物みたい」といった印象を抱《いだ》くに違いありません。

そんな相手と恋をしたいと思うでしょうか。これまで親密につき合っていた相手ですら、おかしいなと思うはずです。手のひらを返したようにフラれてしまうかもしれません。それが〝大殺界〟の〝大殺界〟たる所以《ゆえん》なのですが、こうした自分の内面の変化、心の変化というのは、なかなか気づきにくいものです。〝大殺界〟に入ったならば、身も心も、ふだんの自分とは別の人間になっているということを自覚しなければなりません。

いつも陽気で明るく、派手好きな金星人であれば、できるだけ控《ひか》えめに振る舞い、おとなしくし、あまりあちこち出歩かないようにするのです。化粧もグンと抑えた地味な感じにし、ファッションも派手なものは避《さ》けたほうが賢明《けんめい》です。すると、そ

のときの「心」の状態とマッチし、浮いた感じがしないで済《す》むわけです。

◆〝殺界〟を乗り切る知恵を持つことが大切

たとえば、土星人は理性的・常識的な行動が多いのが特徴《とくちょう》ですが、この逆の生き方、つまり、感情的で突拍子《とっぴょうし》もない行動をとるようにします。

また、ふだんから生真面目《きまじめ》で几帳面《きちょうめん》な木星人の場合は、わざと大ざっぱに振る舞うようにしてみてください。あまり細かいことは気にせず、「何とかなるさ」ぐらいに構《かま》えていることです。

そうすることによって、運命のエネルギーを奪《うば》おうとする〝大殺界〟の魔力《まりょく》は、かなり弱めることができます。

なぜなら、〝大殺界〟はあなたの運気がマイナスに転じることを意味していますから、そのマイナスに対して、もうひとつマイナスを持ってくれれば、プラスに変わるのです。いままであなたに幸運をもたらしていた自分の運命星的な生き方を続けていたのでは、マイナスの度合いは強まるばかりです。

しかし、それと正反対の生き方をしようとすれば、自分を殺さなくてはなりません。〝殺す〟ということは明らかにマイナスですから、それを徹底しておこなうこと

が、かえってあなたにはプラスに作用するというわけです。その意味でも、自分がどんな運命を持った、またどんな特質を持った星のもとに生まれついているのかを知ることが、大切になってくるのです。

また、積極的に事を起こさないようにするのも大事です。結婚、就職、転職、引っ越し、出産、転校、事業を興《おこ》す、お店を開く、家を建てる、マンションを買う、あるいは改名《かいめい》など、あなたの一生を左右するようなことは絶対に避《さ》けましょう。

それなのに私たちは、自分の思うようにならないと、焦《あせ》りが出てきて、ついつい無理な行動をしがちです。

そして、それが逆に自分を苦しめるのです。自分ひとりが苦しむだけならまだいいのですが、ヘタをすると、周りにまで大きな迷惑をかけてしまうことになりかねません。そのときになって後悔しても、どうしようもないのです。

〝大殺界〟のときは、一度判断をあやまると、連鎖反応《れんさはんのう》的に次のあやまちを誘発《ゆうはつ》してしまいます。そればかりでなく、ますます間違った方向で考えることになってしまい、さらにあやまちを犯《おか》す結果になってしまいます。いわゆる悪循環《あくじゅんかん》におちいってしまうのです。

こうなると、その人の生活には次から次へと難題が降《ふ》りかかってきて、最後は自

分を完全に見失《みうしな》い、悲惨《ひさん》な結末を迎えることもあるのです。

こうした悲劇を防ぐには、「因果《いんが》の法則《ほうそく》」について知らなければなりません。「因果の法則」というのは六星占術の原理・原則を成すものですが、これについては『新・六星占術の極意《ごくい》』『新・六星占術の魂生《こんしょう》』（いずれも主婦と生活社刊）、『先祖の祀《まつ》り方』（当社刊）などをお読みになってください。

ただ、こうした「運命」の動静を見極《みきわ》めることと同時に、私はここ数年、「宿命《しゅくめい》」の存在についても、折に触《ふ》れ、お話しさせていただいています。「宿命」とは、「運命」のいわば根っこにあるもので、私たちの人生の行方《ゆくえ》をいちばん強く左右するものです。

〝大殺界〟に入っていても、人によってそのあらわれ方はさまざまです。不思議なのは、同じ星人であっても、その様子が違うことで、これは運命だけでは解釈《かいしゃく》できない問題で、私はそれについても明かすことにしました。詳しくは『最新版　六星占術　宿命大殺界』（日本文芸社刊）という本に示しましたが、これからは、運命と宿命の両方について学んでいただく必要があります。

❷——天王星人の「私」を知る方法

◆まず自分の「運命星」が何かを知る

それでは、六星占術の具体的な仕組みについてお話ししましょう。

「六星占術」の「六星」とは、夜空に輝《かがや》きを放つ星のことではなく、あなたの生命と宇宙とをつなぐ〝糸〟のようなもので、その〝糸〟は大きく分けると六種類あるのです。その「星」とは、**土星**、**金星**、**火星**、**天王星**、**木星**、**水星**です。このうち、どの星があなたの運命を支配しているかは、生年月日で知ることができます。

ここで言う「生年月日」とは、**戸籍《こせき》上の生年月日ではなく、実際に生まれた日のこと**を言います。よく12月の末ごろに生まれたりすると、縁起《えんぎ》がいいから1月1日生まれにしておこう、などといって出生届けを出す親御《おやご》さんがいます。しかし「六星占術」では、そうした便宜《べんぎ》的な生年月日は採用しません。あくまで、本当に生まれた年月日に基《もと》づいて運命星を割り出していくのです。また「六星占術」では、**旧暦(太陰暦《たいいんれき》)ではなく新暦(太陽暦《たいようれき》)を土台としている**ので、新暦の1月1日から旧暦の1月1日の間に生まれた人を前年生まれ扱いにする必要はありません。

まず、あなたの運命がいったいどの星に支配されているかを調べてみましょう。

仮にAさんの生年月日を昭和47年4月10日として考えてみます。

最初に運命数を調べます。大正4年から平成22年生まれまでの人の運命数を掲載《けいさい》

してありますので、巻頭にある運命数表を見てください。

運命数表の左側を縦《たて》にたどり、昭和47年のところを右にたどると、生まれ月の4月のところにある**「59」という数字がAさんの「運命数」**になります。

次に、この**「59」から1をマイナスすると58**になります。この**58に、生まれた日の数字10を足《た》します。すると68となりますが、この数字がAさんの「星数《せいすう》」となる**のです。この**「星数」がいくつであるかによって、運命星が決まります。**なお、運命数から1をマイナスしたのは、どんな人でも、この世に生《せい》を享《う》けたその瞬間に、すでに一日を消費したと考えるからです。各星人は次のように分けられます。

1〜10の人は土星人	**31〜40の人は天王星人**
11〜20の人は金星人	**41〜50の人は木星人**
21〜30の人は火星人	**51〜60の人は水星人**

Aさんの星数は68でした。このAさんのように星数が60をオーバーしている人の場合は、その数字から60をマイナスします。Aさんの星数は8なので土星人となります。

次にAさんの干支《えと》をもとに、土星人の中でも陽(+)か陰(−)かを割り出します。
左の表を見てください。Aさんの干支は「子《ね》」ですから陽(+)です。

子《ね》年(+)　丑《うし》年(−)　寅《とら》年(+)　卯《う》年(−)　辰《たつ》年(+)　巳《み》年(−)
午《うま》年(+)　未《ひつじ》年(−)　申《さる》年(+)　酉《とり》年(−)　戌《いぬ》年(+)　亥《い》年(−)

運命星がわかったら、巻頭に掲載してある占命盤《せんめいばん》を見てください。この占命盤であなたの一生を読むことができます。切りとって大切に持っていてください。
また、六星の中でも複雑な人生を歩む「霊合星《れいごうせい》」という星回《ほしまわ》りの持ち主がいます。霊合星とは、この地上で冬に花を咲かす植物があるように、運命の季節感がふつうとまったく異なる、特殊《とくしゅ》な星のことで、**占命盤で〈停止〉の位置に自分の生まれ年の干支がある人のことを「霊合星人」**と言います(左参照)。

土星人(+)＝戌年生まれ　土星人(−)＝亥年生まれ
金星人(+)＝申年生まれ　金星人(−)＝酉年生まれ
火星人(+)＝午年生まれ　火星人(−)＝未年生まれ
天王星人(+)＝辰年生まれ　天王星人(−)＝巳年生まれ

木星人（十）＝寅年生まれ　木星人（一）＝卯年生まれ
水星人（十）＝子年生まれ　水星人（一）＝丑年生まれ

霊合星人に関《かん》しては『平成21年版　霊合星人の運命』（当社刊）で詳しく述べていますので、そちらを参考にしてください。

◆便利な「占命盤《せんめいばん》」の使い方

さて、この占命盤をどのようにして読むかですが、巻頭の占命盤をご覧ください。平成21年の干支《えと》は丑《うし》なので、占命盤の「丑」のところが平成21年になります。ここから時計回りにすすむと平成22年＝寅《とら》、23年＝卯《う》、24年＝辰《たつ》……となり、また逆に戻れば平成20年＝子《ね》、19年＝亥《い》、18年＝戌《いぬ》……ということになります。

こうすれば自分の生まれた年まで戻れますし、知りたい年まで何年先でもすすむことができます。平成3年のことが知りたければ「未《ひつじ》」のところまで戻り、平成25年のことが知りたければ「巳《み》」のところまですすんでいけばいいのです。

また、年の運気とともに毎月の運気も読むことができます。これは占命盤の「子」のところを12月とし、時計回りに1月（丑）→2月（寅）→……→11月（亥）→12月（子）とすすみます。10月の運気を知りたいときは「戌」のところを読めばいい

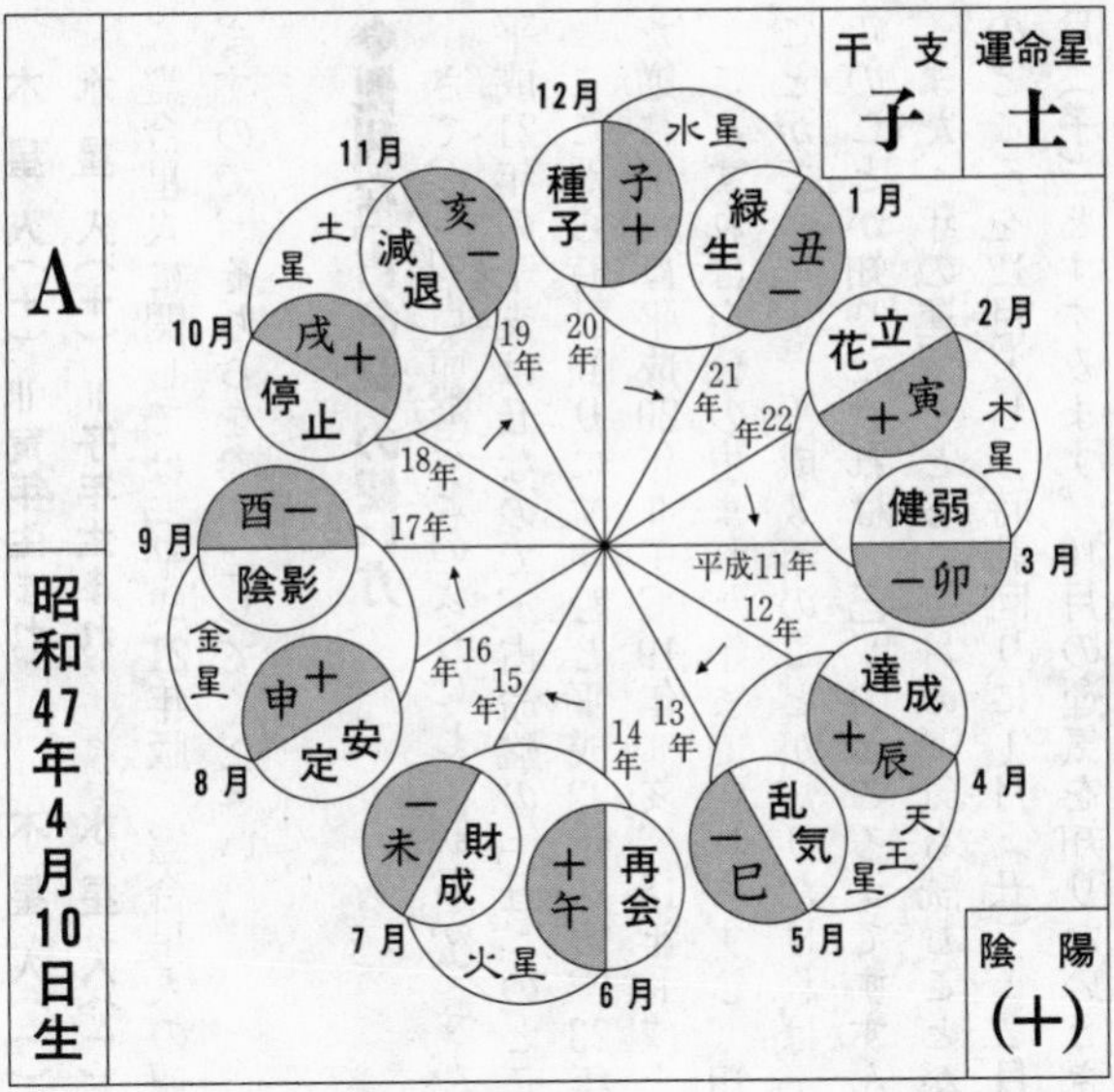

ということです。この月の運気は、各星人ごとに違いがありますが、毎年変わることはありません。

そこで大事なのが、干支のところに漢字二文字で書かれている「運気」の意味です。

この「運気」は全部で12種類ありますが、それは人間の運気が12年をひと区切りにした周期で変化していると考えているからです。

Aさんの場合、平成21年のところには〈緑生〉と出ています。この〈緑生〉というのが、Aさんの平成21年の運気を示してい

るわけです。

平成20年なら〈種子〉でした。この〈緑生〉とか〈種子〉というのが、六星占術でいう運気の名前なのです。占命盤を見て、運命の動きを読むためには、この運気の意味が確実に理解されていなくてはなりません。

◆12の〝運命周期〟を覚える

さて、あなたの運命星はおわかりになったでしょうか。占命盤《せんめいばん》があれば、あなた自身の運命周期を読むことができるだけでなく、恋人や家族、または友人との相性（相性運）を知ることもできます。

この占命盤に書かれている運命周期の意味するものをこれから説明しますので、正確に覚《おぼ》えてください。

どんな運命星の人でも、この流れ自体には変わりありません。要は、この流れに従って、あなた自身が生きていくことができるかどうかです。これを無視して生きようとすると、かならずどこかで無理が生じてきます。あげくの果《は》てには〝大殺界〟の魔力《まりょく》に飲み込まれて、取り返しのつかないことになってしまう恐《おそ》れもありますから、くれぐれも運命のリズムに従うよう心がけてください。

〈種子《しゅし》〉——12年間の運命周期がはじまります。総合的に、自分の運命がよい方向に回転をはじめる時期、物事を開始する時期と考えてください。結婚、就職、引っ越しなどによい時期です。この時期に知り合った人は、将来あなたにとって大事な人になります。新しく商売をはじめたりすると、将来、経済的に大きな実りが期待できるでしょう。

〈緑生《りょくせい》〉——大地にまかれた種が芽吹《めぶ》き、根をはり、グングン成長する時期です。愛情運も高まり、この時期にあらわれた異性は、ほぼ本物と見ていいでしょう。財運、仕事運ともによし。ただし、この芽はまだひ弱なため、ちょっとした環境の変化で、ポキッと折れてしまうこともあります。油断《ゆだん》していると、大きな落とし穴にはまってしまう危険もあるので、慎重《しんちょう》な行動を心がけましょう。

〈立花《りっか》〉——今後の基本的な方向を決定づける重要な時期です。この時期に成し遂《と》げたことは、生涯、不動のものになります。とくに経済的には、この時期に得たものは、生涯、あなたが財運に恵まれる要素となります。ただし、ほかの運気と重なると、その運気をより強烈《きょうれつ》にする働きがあるので、〃殺界〃と重なったときは要注意です。

〈健弱《けんじゃく》〉——〃小殺界〃です。しかし、まだ決定的なものではありません。〈種子〉

からの成長でたまった〝運気のウミ〟を出す時期です。とくに肉体面にはっきりとあらわれてくるのが特徴《とくちょう》です。病気やケガに注意しましょう。また、経済面、愛情面でも無理な行動はやめ、冷静に、自分や周囲をかえりみる小休止《しょうきゅうし》の時期です。

〈達成《たっせい》〉――文字どおり、自分の望みがかない、目的が達成されるという強運気です。〈立花〉で果たせなかったことは、この時期に完成させるといいのです。運気は最高潮《さいこうちょう》に達しているので、愛情運、家庭運ともに充実します。経済的にも好調で、収穫《しゅうかく》するほどの実りといった感じではないものの、何をやっても楽しい時期です。

〈乱気《らんき》〉――〝中殺界〟です。〈健弱〉で肉体的な〝運気のウミ〟を出したのに対し、こんどは五年間たまった精神的な〝運気のウミ〟を出す時期です。働き詰《づ》めできた人は、ここでひと休みしましょう。新たに事をはじめようとしても空回《からまわ》りするだけなので、現状維持《いじ》を心がけてください。もちろん結婚はいけません。身内に不幸が起きるといったような、精神的なダメージを受けることの多い時期です。

〈再会《さいかい》〉――結婚、就職、転職、開業、引っ越しなど、すべてにおいて新しく事を仕掛けるチャンスが再度到来《とうらい》しました。愛情面でもやり直すよい時期です。人との出会いに幸運のカギがあります。また、前年に起きたトラブルも、この時期に働きかければ、以前よりよい状態に改善できます。

〈財成《ざいせい》〉——収穫の時期です。とくに財運は強く、やることすべてがお金になり、何をしても成功に結びつきます。12年に一度だけ訪《おとず》れる蓄財《ちくざい》の年なので、大いに稼《かせ》ぎまくってください。ただ、大切な人との別れが生じる可能性があります。財を得たら、何か人のため、世のためになることに遣《つか》うことで愛情運が上昇します。

〈安定《あんてい》〉——すべての成果を勝ちとり、人生の果実を味わう時期です。ここでは、新たに事を起こそうなどと考えず、優雅《ゆうが》に充実した生活を送るように心がけましょう。がむしゃらに押しまくることはやめて、これまでの八年間の人生を静かに振り返り、次にくる〝人生の冬〟に備《そな》えることです。

〈陰影《いんえい》〉——冬の到来、〝大殺界〟です。運気がただひたすら下降します。周囲に対するものの見方が歪《ゆが》み、それが原因で判断をあやまったり、大きな錯覚《さっかく》におちいったりしがちです。あなたの周りでも、あなたを不安におとしいれるような心配ごとが相次《あいつ》いだり、判断に苦しむような得体《えたい》の知れない出来事が起こるのも特徴です。

〈停止《ていし》〉——〝大殺界〟の、ど真ん中、まさに八方《はっぽう》ふさがりといった言葉がぴったりの状況です。だれもあなたの言うことに耳を傾《かたむ》けてくれません。だからといって、自分ひとりで行動すると大きなミスを犯《おか》し、周囲に大きなダメージを与えたり、他人の信用を損《そこ》ねたりします。何に対しても新たな成果は期待できません。愛情面は

トラブルだらけ、離婚の危機も訪れます。ただおとなしく耐《た》える時期です。

〈減退《げんたい》〉――〝大殺界〟のラストです。多少、運気が上昇に向かっていきますから、何となく気分は明るくなります。しかし、油断は禁物《きんもつ》です。自分が信頼していた人に裏切られたり、身内や愛している人が突然亡《な》くなったりと、取り返しのつかないことが起こりやすい時期です。そして、とかく悪い運気が自分の内側へ内側へと向かってくるので、心の病気におかされやすいのもこの時期です。金銭的には、まさに〝悪銭《あくせん》身につかず〟なので、余分なお金は周囲の人のために活用してください。ここで金銭を惜《お》しんでいると、運気はさらにマイナスになり、翌年訪れる〈種子〉の運気まで損なう恐れがあります。

天王星人の性格

チャーミングで楽天的な現実主義者

天王星人は、物事にけじめをつけたり、きちんと筋《すじ》をとおしたりすることが大の苦手《にがて》です。とかく、なあなあの〝事なかれ主義〟で物事をおさめてしまおうとするのが特徴《とくちょう》で、理性や知性より感情や人情を優先するタイプと言えるでしょう。寛容《かんよう》な精神の持ち主だけに、他人に対しても広い心で接することができます。どんな人の考えでも、また、どんな意見にでも耳を傾《かたむ》けますし、性格や表情もチャーミングで人見知《ひとみし》りをしません。

どんなときでも人づき合いを大切にしますから、何でも話せる友人がたくさんいるのも天王星人の特徴でしょう。ただ、いつもだれかがそばにいないと不安でたまらないという〝寂《さび》しがり屋〟でもあります。

しかし、こうした性格は、ビジネスの世界においては、〝けじめのないルーズな人〟と評価されがちです。

また恋愛面では、だらしなさが目立ち、異性間のトラブルに巻き込まれることも少なくありません。

とくに〝大殺界〟に入ると、不倫《ふりん》や三角関係の中心人物となってしまい、人間関係の泥沼《どろぬま》にはまるといったこともよくあります。

とかく優柔不断《ゆうじゅうふだん》なため、何かを決めなければならないという局面でも、決断力に乏《とぼ》しい面が顔を出します。こちらを立てるとあちらが立たないといった具合《ぐあい》に迷うのですが、それは同時に、「人」を大切にしようとする優しさを持っていることを意味しているのです。

その半面、天王星人は現実主義的な面も持ち合わせています。たとえば、好意を持った人には言葉ではなく、品物を贈ってその気持ちをあらわします。また、人から物をもらったりすると、心がこもっているかどうかということよりも、それが金銭的に高価なものか、または安価《あんか》なものかで、その価値を判断しがちです。どんなに心のこもった贈りものでも、安物では喜ばないところがあるのです。愛情をお金に換算《かんさん》してしまうタイプと言えるでしょう。

ただ、困難《こんなん》な状況におちいって一時的に落胆《らくたん》するようなことがあったとしても、そうした気分を引きずらない楽天家《らくてんか》でもあります。将来はこうなりたいという大きな夢を持つと、何があってもくじけない強さを持っていますから、夢を見続けることができるロマンチストとも言えるでしょう。

天王星人の恋愛・セックス

恋多き人生を歩む快楽主義者

天王星人は、恋多き人生を歩むことが運命づけられています。子どものころに〝おませさん〟と呼ばれていた人の多くは、天王星人ではないでしょうか。

愛敬《あいきょう》もたっぷりで、自分からアプローチしなくても、異性のほうから近寄ってきますから、異性にモテないといった悩みを持つことはありません。

たとえ失恋したとしても、すぐに次の相手があらわれたりと、異性に関《かん》してはまず話題が尽《つ》きないタイプです。

しかし、人間関係が全般的にルーズなため、ひとりの異性とじっくりつき合うことを苦手《にがて》とします。特定の人がいても、別の異性に誘《さそ》われるといい顔を見せたり、ちょっとデートするくらいならと、自分から誘いをかけることもありがちです。二股《ふたまた》をかけても、罪の意識を感じないと言ってもいいでしょう。

また、デートの約束をしても遅刻したり、すっぽかすのは日常茶飯事《にちじょうさはんじ》。本人にしてみれば悪気はないのですが、根がルーズなために、どうしても計画どおり、約束どおりに行動することができないのです。

こうしたルーズさが災《わざわ》いして、〝大殺界〟の時期には不倫《ふりん》や浮気が原因でトラブルを起こしがちです。ただし、いくら悲惨《ひさん》な目に遭《あ》っても、明日を信じて生きる天王星人に、心中《しんじゅう》や自殺という結末は存在しません。

いずれにしても天王星人は、〝殺界〟に入ったら異性関係がルーズにならないよう、禁欲《きんよく》的な日々を送ることが望まれます。

優柔不断《ゆうじゅうふだん》で、ともすれば誘惑《ゆうわく》に弱い天王星人ですから、包容力《ほうようりょく》があり、常に理性を持って行動できる異性が理想的です。ズルズルと恋愛をしてしまうあなたを軌道《きどう》修正しながらリードし、また戒《いまし》めてくれる相手となら、バランスのとれた、とてもいいカップルになれるでしょう。

セックスに関《かん》しては、男女とも快楽を重視しますが、とりたてて精力絶倫《せいりょくぜつりん》というわけではありません。ただ、異性の肌に触《ふ》れているときが、いちばん心の安らぎを感じるため、それが高《こう》じて身も心もセックスに溺《おぼ》れてしまうという弱さもあります。

またセックスにタブーがなく、好奇心《こうきしん》も強いので、どんなパターンもはばかることなく楽しみます。究極《きゅうきょく》の快楽を求めてオーラルプレイ、アナルセックス、ＳＭプレイなど、あらゆることがＯＫ。ちなみに、同性愛に走るのは、じつは天王星人に多いようです。

天王星人の結婚・家庭

笑い声の絶えない家庭を築く

愛情豊かな天王星人は、家庭運に恵まれます。また、人間好きの天王星人は、家族とのスキンシップやコミュニケーションを、何よりも大切にします。子どもに対する愛情もとても深く、父親なら、仕事が忙《いそが》しくても時間をつくっては子どもと遊び、家庭サービスも忘れません。というより、あえて〝家庭サービス〟などと言わなくとも、家族と時間をともにするのが好きなのです。そのうえ、子ども運にも恵まれていますから、笑い声の絶《た》えないにぎやかな家庭を築《きず》くでしょう。

友人や近所とのつき合いも大切にしますから、多くの人が、気兼《きが》ねなく立ち寄る楽しい家庭となります。たくさんの人が出入りする天王星人の家庭は、いつも風とおしがよく、何かしら刺激《しげき》的で楽しいものとなるに違いありません。

財運も強いものを持っていますから、無鉄砲《むてっぽう》な遣《つか》い方さえしなければ、お金に不自由することもないでしょう。

ただし、人間関係に引きずられて浪費《ろうひ》する傾向があるので、その点では注意が必要です。人づき合いを大切にするのはいいのですが、来客には豪華《ごうか》な食事を用意し

ても、家族には質素《しっそ》な食事で我慢《がまん》させるというのでは考えものです。

また、〝大殺界〟の時期に結婚した場合には、気をつけなければなりません。〝大殺界〟での結婚は、障害《しょうがい》にはじまり、障害に終わります。それも、人に取り囲まれていることの多い天王星人のあなたにとって、その人間関係が、すべて〝殺界〟のパワーによって、マイナスの方向へ流され、足を引っ張ります。

天王星人にかぎらず、どの星人にも言えることですが、〝大殺界〟の魔力《まりょく》は、その星人がとくに恵まれている面に降《ふ》りかかってきます。それが天王星人の場合、家庭や家族になるのです。

また、〝大殺界〟で結婚しようとしても、親や親戚《しんせき》から反対されたり、以前つき合っていた人からの妨害《ぼうがい》に遭《あ》ったりするかもしれません。相手の親が確認の意味で依《い》頼《らい》していた興信所《こうしんじょ》の調査報告がねじ曲げられるようなこともあるでしょう。問題が持ちあがってから日取りを変えようと思っても、〝時すでに遅し〟ということにもなりかねません。

それでも、逆境《ぎゃっきょう》の中でパワーを発揮《はっき》する天王星人は、周囲の反対を押し切って結婚するでしょう。それが駆《か》け落ちや同棲《どうせい》といったスタートであっても、こうと決めたら突きすすんでしまう可能性が高いのも天王星人の特徴《とくちょう》です。

天王星人の才能・進路・適性

多くの人に接する仕事で成功する

　天王星人のあなたは、周りに他人がいると、それだけでまるで水を得た魚のように、スポットライトを浴《あ》びたスターのごとく明るく光り輝《かがや》きはじめるでしょう。この長所を活《い》かすためには、不特定多数《ふとくていたすう》の人と接する職業を選ぶことです。

　あなたがいるだけで人が集まりますから、たとえば、レストランや喫茶店、スナック、コンビニエンスストア、美容院など、接客がカギとなる商売がいいでしょう。あなたの人なつっこい笑顔で、多くのファンや固定客をつかみ、確実に繁盛《はんじょう》させることができます。財運も強いので、生活に密着した商売なら、どんどん発展させていくことができるでしょう。小さな個人商店からスタートしても、全国にチェーン店を広げることも夢ではありません。

　また、巧《たく》みな話術を活かせるセールスマン、保険のセールススタッフなども、天王星人の能力を十二分に発揮《はっき》できます。毎月の営業成績で常にトップの座を占《し》めているという人には、天王星人が多いのです。

　しかし、人を信用し過ぎるあまり、いいように使われてしまうことも少なくあり

ません。そのため、どこで何をするにしても、判断力に優《すぐ》れた信頼のおける上司《じょうし》やパートナーを選ぶことが重要になってくるでしょう。

天王星人は優柔不断《ゆうじゅうふだん》で即断即決《そくだんそっけつ》が大の苦手《にがて》ですから、株や商品相場《しょうひんそうば》などギャンブル性の強い仕事には向いていません。

また、人をだましてでも自分の利益を得ようとは思いませんから、駆《か》け引きが必要なビジネスも似つかわしいとは言えないでしょう。

女性には、美人というよりは、かわいらしくチャーミングな人が多いので、芸能界でも多くの人に好かれるアイドル的なタレントになれます。

キャビンアテンダント、コンパニオン、旅行会社の添乗員《てんじょういん》、レストランや喫茶店のウエートレス、看護師（ただし眼科、歯科、神経科は除《のぞ》く）、教師、美容師、保育士、編集者、各種インストラクターなどの仕事も幸運をつかむことが可能です。

男性なら、営業畑のセールスマン、ホテルマン、旅行代理業、アパート経営、医師（眼科、歯科、神経科は除く）、コンサルタント業、教師、塾経営、編集者、広告マンなどが最適です。

多くの人と接すれば接するほど、あなたの能力が発揮されるということを確信して職業を選んでください。

③

平成20年10月〜

〈平成21年版〉天王星人の運命

〈月別運気の見方〉

☆印＝幸運にめぐり合える〝ラッキーデー〟

★印＝とくに注意したい〝アンラッキーデー〟

平成20年／10月の運気

●天王星人（＋）＝〈達成〉

どんなことにも意欲的に取り組めるので、少しくらい忙《いそが》しくても充実した気分を味わうことができます。

頭も冴《さ》えていますから、将来のビジョンを描《えが》いておくのもいいでしょう。転職や独立など、目標が具体的であればあるほど実現の可能性も高くなります。長期的な視点で計画を練《ね》ってみてください。

結婚相手を探している人は、理想の相手にめぐり合えるかもしれません。恋人がいる人は、結婚に向けての準備をはじめるのもいいでしょう。

☆＝1、3、13、15、25、27日

★＝7、19、31日

●天王星人（－）＝〈健弱〉

いまごろになって夏の疲れがどっと出てくるかもしれません。とにかく、規則正しい生活を心がけ、仕事も勉強も無理をしないようにしましょう。

仕事の後にカラオケや飲みに誘《さそ》われても、今月はなるべく断《ことわ》るようにしてください。体調を崩《くず》して会社を休み、仕事をためて苦労する恐《おそ》れがあります。

恋人とのデートも少し控《ひか》えたほうが賢明《けんめい》です。楽しい気持ちにはなるでしょうが、気づかないうちに疲れをためてしまうからです。

☆＝4、16、28日

★＝7、8、19、20、31日

平成20年／11月の運気

●天王星人(＋)＝〈乱気〉

決断力に乏《とぼ》しい優柔不断《ゆうじゅうふだん》な面が強く出てしまい、周りの仕事の足を引っ張って信用を失《うしな》うようなことをしかねません。自分の判断に自信がなければ、上司《じょうし》や同僚《どうりょう》に意見を求めましょう。

周囲の親身《しんみ》な忠告には素直《すなお》に耳を傾《かたむ》けてください。そうした姿勢を持ち続ければ、失敗を犯《おか》す恐《おそ》れも少なくなります。また、あなたをサポートしてくれる人があらわれるはずです。

恋愛も進展は期待できません。焦《あせ》りは禁《きん》物《もつ》と心得ておいてください。

☆＝8、20日
★＝12、24日

●天王星人(－)＝〈達成〉

先月に比《くら》べると、仕事や勉強をはじめ、いろいろな分野にやる気が出てきます。ただし、最後の最後で優柔不断《ゆうじゅうふだん》な面が出てしまい、せっかくうまくいっていたことがご破算《はさん》になる可能性もあるので注意してください。

周囲のあなたに対する見方も好意的なものに変わってきます。恋人や友人たちともいい関係が保てますので、楽しい時間を過ごすことができます。

財運にも恵まれますが、来年のために貯金しておいたほうがいいでしょう。

☆＝9、21日
★＝1、13、25日

平成20年／12月の運気

●天王星人（＋）＝〈再会〉

精神的にも落ち着きを取り戻し、爽《さわ》やかな気持ちで毎日を過ごすことができるでしょう。合コンやパーティー、忘年会などの誘《さそ》いを受けたら、積極的に顔を出してください。素晴《すば》らしい出会いがあるかもしれません。

冬休みやクリスマスは、恋人や家族とゆっくりできる時間をつくってください。

感謝の思いを込めて手料理などを振る舞うと、絆《きずな》がいっそう深まるとともに、一生忘れられない思い出ができるに違いありません。

☆＝2、12、14、24、26日
★＝6、18、30日

●天王星人（－）＝〈乱気〉

今月は、いろいろな面で行き詰《づ》まりを感じるでしょう。仕事ではミスを連発して上《じょう》司《し》や先輩からにらまれる恐《おそ》れがあります。勉強でも集中力が散漫《さんまん》になりがちで、成績が落ちるかもしれません。

恋人とは、すれ違いが多くなりそうですが、無理に一緒にいようとすると、かえって気まずい雰囲気《ふんいき》になりがちです。

ある程度の距離をおいて、二人の関係を客観的に見つめ直してみてください。これからどうすればいいか、答えがかならず見つかるはずです。

☆＝3、15、27日
★＝6、7、18、19、30、31日

★平成21年のあなたの全体運★

今年は、陽(＋)の人も陰(－)の人も好運気なので、何事も思いどおりにすすめることができます。恋愛も仕事も、また人間関係も順調で、トラブルで頭を抱《かか》えるようなことはないでしょう。旅行やレジャーにも最適の時期なので、思いついたら即《そく》行動に移してください。

陽(＋)の人は〈財成〉で、経済的に恵まれた一年を過ごすことができます。何をしてもお金に結びつく時期なので、宝くじやｔｏｔｏ、競馬などでの一攫千金《いっかくせんきん》も夢ではありません。ただし、ギャンブルでは欲をかき過ぎないこと。たとえ、小遣《こづか》い程度の収入に終わっても満足しましょう。また、貯蓄《ちょちく》も堅実《けんじつ》さばかりを追求するのではなく、金銭的に余裕があれば株や投資信託《とうししんたく》に挑戦するのもいいでしょう。

仕事では、あなたの企画やアイデアが評価され、プロジェクトチームなどの責任者に抜擢《ばってき》されるかもしれません。自分には荷が重いなどと尻込《しりご》みせず、全力でぶつかることです。

独身の人は良縁《りょうえん》に恵まれ、しかも、経済的に何の不安もない相手とめぐり合う可

能性があります。ただし、お金に目がくらんでしまうと、愛情運を失《うしな》う恐《おそ》れがあります。結婚は、相手の人間性が第一です。それを見極《みきわ》めることが何よりも大切だと肝《きも》に銘《めい》じておいてください。

陰(二)の人は、新しいスタートを切るには願ってもない〈再会〉という運気を迎えました。昨年は〝中殺界〟の〈乱気〉でしたから、精神的に落ち着かず、不安にさいなまれた日々を過ごした人もいたでしょう。しかし、今年はそうしたモヤモヤが晴《は》れ、何事も前向きにとらえることができます。困難《こんなん》が生じても、かならず解決できるという強い気持ちでいることが大事です。

勉強も仕事も巻き返しのチャンスが到来《とうらい》しました。弱気にならず、積極的に取り組んでいくと、明るい兆《きざ》しが見えてきます。

これまで、何かにつけて衝突《しょうとつ》していた上司《じょうし》や同僚《どうりょう》たちとも、本音《ほんね》で話し合うチャンスが訪《おとず》れます。相手にどう思われるかといったことにとらわれず、自分の気持ちを素直《すなお》にぶつけてみてください。思いがけず打《と》ち解けて、生涯の親友となる人を見つけることができるかもしれません。

結婚や転職、引っ越し、資格取得《しゅとく》などを考えている人は、年内に実行に移してください。すべてがいい方向に展開していくはずです。

★平成21年の恋愛・結婚運★

陽(＋)の人にとって、今年は友だちから恋人へ、恋人どうしは結婚へと進展するチャンスです。男性の運気がよければ、年内に入籍できるよう話をすすめてみてください。いい結果が得られるはずです。両親や職場の上司《じょうし》なども賛成してくれ、結婚の準備もスムーズに運ぶことでしょう。

彼や彼女とのつき合いがマンネリ化している人は、このまま交際を続けていくのか、それとも別れるのか、きちんと結論を出すときです。いずれにしても、この時期の決断はいい方向に向くので、ケンカ別れのような事態になることはありません。

これまで恋人がいなかった人も、今年は素晴《すば》らしい出会いが期待できます。旅先や合コンなどで好みのタイプの異性にめぐり合う可能性が大です。「この人！」と思ったら、積極的にアプローチしてみてください。

お見合いの話があったら、とにかく会うだけ会ってみましょう。あなたとフィーリングがぴったり合う人と出会えるかもしれません。相手のことをもっと知りたいと感じたら、あなたのほうから交際を申し込みましょう。

すでに家庭を持っている人でも、経済的な余裕が生まれるので、レジャーや旅行など夫婦水入《みずい》らずで楽しむことができます。

陰(－)の人も、待ちに待った恋が実る年となりそうです。ひとりの異性とじっくりつき合うのは苦手《にがて》なあなたですが、相手をひとりに絞《しぼ》ってアタックしましょう。相手があまり乗り気でなくても、つき合っていくうちに、あなたの思いに応《こた》えてくれるようになるはずです。

恋人との仲がしっくりいっていない人は、出会ったころの気持ちを思い出して、優しく接してみてください。すれ違っていた気持ちが、また通じ合うようになります。そして、以前よりも二人の距離が縮《ちぢ》まり、結婚に向けて歩み出す可能性も大いにあります。

まだ当分、恋愛を楽しみたいという人も、それにふさわしい異性があらわれます。おたがいに遊びと割り切っているので、別れるとか別れないといったドロドロした関係になることはありません。

結婚している人は、家庭内の問題に解決の兆《きざ》しが見えてきます。夫婦の愛情も深まり、一家団欒《いっかだんらん》のひとときが何よりも楽しいものとなるはずです。家族と過ごす時間を増やせば、絆《きずな》がさらに深まります。

★平成21年の仕事・勉強運★

お金に縁《えん》の深い〈財成〉という好運気に入った陽(＋)の人は、仕事面で大きな利益をあげるチャンスが訪《おとず》れます。あなたが手がける仕事は、どれもこれも予想以上の成果をもたらしてくれることでしょう。友人や知人からサイドビジネスの話を持ちかけられたら、軽い気持ちで取り組んでみてください。楽しみながら副収入を得られるはずです。

就職活動をしているのなら、自分が望んでいる職種に的《まと》を絞《しぼ》りましょう。敷居《しきい》が高いと思われる会社でもアタックしてみることです。最初から無理だとあきらめてはいけません。とにかく、「当たって砕《くだ》けろ」の気持ちでチャレンジしてください。

転職を考えている人も、これまでの実績が認められ、ヘッドハンティングされるかもしれません。あれこれ悩んでも埒《らち》が明かないので、思い切って決断することが大事です。

とくに、巧《たく》みな話術を活《い》かせる接客業で大きな飛躍《ひやく》が望めます。ネットワークビジネスをはじめるのもいいかもしれません。ひらめいたアイデアは、自分でも信じ

られないくらい大勢の人の気持ちをつかみ、商売繁盛《しょうばいはんじょう》へとつながるでしょう。

勉強の面では、いままで積み重ねてきた努力が実を結ぶときです。試験では勘《かん》も冴《さ》え、苦手《にがて》科目でも好成績をあげることができます。受験生は自信を持って試験に臨《のぞ》んでください。

陰(－)の人は、新しく何かをはじめるのに最適の時期です。以前から関《かか》わってみたいと考えていた仕事の話が、降《ふ》ってわいたように出てくるかもしれません。尻込《しりご》みせずに取り組むことです。

これまで、あなたに対して好意的でなかった上司《じょうし》や同僚《どうりょう》が、手のひらを返したようにあなたの仕事ぶりを評価し、バックアップしてくれるようになります。とはいえ、謙虚《けんきょ》な姿勢を忘れてはいけません。

就職活動中の人は、コネを大いに活用することです。自分の能力を発揮《はっき》できそうな会社を紹介してもらえるでしょう。

勉強がはかどらず、自信喪失《じしんそうしつ》ぎみになっていた受験生にとっても、ようやく実力を発揮できるときがきました。目標を高く掲《かか》げ、まずは苦手《にがて》な科目から取り組んでみてください。ただし、無理な計画は長続きしません。息抜きの時間をうまく取り入れることが大事です。

★平成21年の財運★

陽(＋)の人は、自分が望まなくてもお金に関係した話が舞い込んでくる一年となります。ふだんはお金に無頓着《むとんちゃく》な天王星人ですが、今年は商売繁盛《しょうばいはんじょう》の秘訣《ひけつ》やギャンブルの必勝法など、お金儲《もう》けの情報が自然と耳に入ってきます。その中で「これはいけそうだ」という話があったら、ためらわず行動を起こしてください。

車やマイホームの購入、海外旅行などのために貯蓄《ちょちく》をしてきた人は、これまでどおり地道に続けましょう。ただし、倹約《けんやく》をとおり越してケチになってしまってはいけません。守銭奴《しゅせんど》のようにお金に執着《しゅうちゃく》してしまうと、せっかくの財運を活《い》かすことができなくなります。

余裕の出た分は、家族や恋人、友人、お世話になっている人などにプレゼントをしたり、ご馳走《ちそう》するなどして感謝の気持ちをあらわしましょう。こうして遣《つか》ったお金は、後々《のちのち》何らかの形であなたのもとに返ってきます。また、思いもかけないところから財産が転がり込んでくる可能性もあります。独立をめざしているなら、会社を立ち上げたり、お店をオープンさせたりするチャンスです。将来をよく考えたう

えで決断しましょう。

昨年は浪費《ろうひ》しがちだった陰(－)の人にとって、今年は巻き返しを図《はか》るときです。これまで自分ではどうすることもできなかった仕事の問題も、信頼できる人と知り合い、その人の助けを借りて解決することができます。肩の荷が下《お》りたことで仕事にも集中でき、めざましい成果をあげることができるでしょう。

自営業やフリーで仕事をしている人は、あなたを支えてくれるよき部下やスタッフに恵まれ、自分のやりたいことが支障《ししょう》なくできるようになります。その結果、売り上げが大幅にアップするかもしれません。

アルバイトを探している人は好条件の仕事が見つかり、短期間で予定していた金額を手にすることも可能です。

ただし、何かと無駄遣《むだづか》いしがちな天王星人だけに、無計画な出費《しゅっぴ》は控《ひか》えるようにしてください。この時期に築《きず》いた財は、仕事を拡大したり、進学や海外留学などに備《そな》えて貯蓄《ちょちく》に回すほうが賢明《けんめい》です。将来、何倍にもなってその経験が活《い》きてくるに違いありません。

また、自分以外のためにお金を遣《つか》うようにすれば、好運気がさらに大きく広がっていくでしょう。

★平成21年の健康運★

陽(+)の人も陰(−)の人も、健康面で支障《ししょう》をきたすことはまずないと言っていいでしょう。多少の無理もききますから、充実した毎日を送ることができます。

とくに、陽(+)の人は、病気などまったく気にならないほど元気に過ごせます。持病《じびょう》のある人も、今年は軽い症状で済《す》むでしょう。ただし、定期的に診察を受けるのを忘れないでください。

体力づくりにも最適な時期です。ウォーキングやエアロビクス、ジャズダンス、アスレチックジムでのウエートトレーニングなどに励《はげ》むのもいいでしょう。ポイントは楽しみながらやること。そうすれば、三日坊主で終わることはありません。

陰(−)の人も、気力、体力とも充実して、仕事や遊びに全力投球することができます。いままで経験したことのないスポーツに挑戦すると、その魅力にはまってしまう可能性もあるでしょう。

メタボが気になるなら、ダイエットに取り組んでみてください。いろいろ試《ため》しているうちに、あなたにぴったりの方法が見つかるはずです。

★平成21年の人間関係運★

もともと人づき合いのいい天王星人ですが、今年は、陽（＋）の人も陰（－）の人も、ますます人とのつながりを深め、その中にたくさんの幸せを感じることができる一年となります。

陽（＋）の人は、今年出会った人がいろいろな意味で経済的な利益をもたらしてくれます。たとえ、第一印象が少しくらい悪くても、あなたにとってかけがえのない存在となる人ですから、その縁《えん》を大切にしてください。

上司《じょうし》や同僚《どうりょう》との関係も、いままで以上に深まるはずです。あまりうまくいっていなかった相手とは、積極的にコミュニケーションをとるようにしましょう。これまでのわだかまりも氷解《ひょうかい》し、仕事の面でも、プライベートでも、あなたのよき理解者になってくれるかもしれません。

また、ほしいと思ったものを、周囲の人たちのおかげで何の苦労もなく手に入れることができます。自分では買えないようなものを親が買ってくれたり、彼や友だちがプレゼントしてくれたりすることもあるでしょう。

いつもは、高価なものかどうか値踏《ねぶ》みしがちなあなたですが、今年は感謝の気持ちを持って素直《すなお》に受け取ることです。そして、真心には真心で応《こた》えてください。心のつながりのできた人とは、一生つき合っていくことができます。

陰(一)の人は、何となくフィーリングが合わず敬遠《けいえん》していた先輩や同僚《どうりょう》と、ふとしたきっかけで打ち解《と》けることができます。お酒やカラオケ、ゴルフなどに誘《さそ》われたらすすんで参加しましょう。新しい友人に恵まれることで、存分に楽しむことができるに違いありません。

サークル活動や講演会、パーティー、学園祭、地域の行事などで知り合った人とは、その後も個人的なつき合いを深められるはずです。まずは、携帯電話の番号やメールアドレスの交換からスタートさせましょう。

また、親戚《しんせき》や旧《ふる》い友人とのつき合いも多くなります。冠婚葬祭《かんこんそうさい》には、かならず顔を出すようにしてください。この時期に出会った旧友や、久しぶりに会う親戚《しんせき》とは、以前より深いつき合いができるようになります。

今年は、見栄《みえ》や相手に対する偏見《へんけん》を捨《す》て、嫌われることを恐《おそ》れずに、だれに対してもあなたのほうから心を開いて話しかけてみてください。意外な共通点を見つけることができ、親密な関係を築《きず》くことができるでしょう。

★平成21年の旅行・レジャー運★

今年は天王星人にとって、陽(+)の人も陰(−)の人も、とても充実した旅行やレジャーを楽しむことができます。

陽(+)の人は、年に何回か海外旅行をするチャンスに恵まれます。仕事であったり、友人に誘《さそ》われたりときっかけはいろいろですが、旅行による経済的負担《ふたん》はそれほどでもありません。多少、貯金は減っても、それ以上にかけがえのない思い出をつくることができるでしょう。

今年の旅行は、長期であれ短期であれ、あなたの人生にいい意味で大きな影響をもたらしてくれるはずです。

陰(−)の人は、いままで計画を立てながら、さまざまな事情から実現できなかった大型レジャーを実行に移してください。家族や気の合った仲間と一緒に行くのもいいでしょう。幸せな気分を満喫《まんきつ》できます。

また、旅先で出会った人と素敵な恋に落ちるかもしれません。メル友からはじまったつき合いが、短い間に親密な関係に発展する可能性も大です。

[天王星人の各界著名人]

(50音順)

(+)	(−)
★芸能界	★芸能界
五木ひろし(S.23.3.14)	安達祐実(S.56.9.14)
オダギリジョー(S.51.2.16)	市川海老蔵(S.52.12.6)
亀梨和也(S.61.2.23)	蛯原友里(S.54.10.3)
小池栄子(S.55.11.20)	遠藤章造(S.46.7.13)
小泉今日子(S.41.2.4)	小田和正(S.22.9.20)
倖田來未(S.57.11.13)	沢口靖子(S.40.6.11)
さとう珠緒(S.49.1.2)	笑福亭鶴瓶(S.26.12.23)
陣内智則(S.49.2.22)	高倉　健(S.6.2.16)
鈴木京香(S.43.5.31)	寺尾　聰(S.22.5.18)
瀬戸朝香(S.51.12.12)	中山秀征(S.42.7.31)
大地真央(S.31.2.5)	原田知世(S.42.11.28)
田中麗奈(S.55.5.22)	ビートたけし(S.22.1.18)
中島みゆき(S.27.2.23)	藤本美貴(S.60.2.26)
浜崎あゆみ(S.53.10.2)	松たか子(S.52.6.10)
古舘伊知郎(S.29.12.7)	森　進一(S.22.11.18)
松浦亜弥(S.61.6.25)	★文化人
★文化人	塩野七生(S.12.7.7)
池田大作(S.3.1.2)	高橋源一郎(S.26.1.1)
五木寛之(S.7.9.30)	橋田壽賀子(T.14.5.10)
俵　万智(S.37.12.31)	三谷幸喜(S.36.7.8)
村上　龍(S.27.2.19)	村上春樹(S.24.1.12)
★政財界	養老孟司(S.12.11.11)
石原慎太郎(S.7.9.30)	★政財界
猪瀬直樹(S.21.11.20)	河野洋平(S.12.1.15)
野田聖子(S.35.9.3)	高市早苗(S.36.3.7)
福田康夫(S.11.7.16)	森　喜朗(S.12.7.14)
★スポーツ界	★スポーツ界
桑田真澄(S.43.4.1)	安藤美姫(S.62.12.18)
高橋尚子(S.47.5.6)	落合博満(S.28.12.9)
原　辰徳(S.33.7.22)	小野伸二(S.54.9.27)
藤川球児(S.55.7.21)	星野仙一(S.22.1.22)
不動裕理(S.51.10.14)	松井稼頭央(S.50.10.23)

料金受取人払郵便

新宿支店承認

1343

差出有効期限
平成22年4月30日まで
切手を貼らずに
お出し下さい。

郵便はがき

160-8790

302

東京都新宿区西新宿1-4-11
全研プラザ6F

サンマリエ株式会社
「恋愛・結婚診断テスト係」行

このハガキは入会の申込みではありません。お気軽にご利用下さい。
全てを記入し、ご投函下さい。FAX/0120-75-4330でも応募できます。

フリガナ

氏名(必須)

男・女

ご住所(必須) 〒□□□-□□□□

電話番号(必須)

メールアドレス

生年月日
西暦　年　月　日生　満　歳

婚歴
有・無

職業　公務員　会社員　経営者　学生　専門職
アルバイト　無職　他(　)

●応募資格/男性20歳以上・定職のある方。女性/20歳以上。男女とも独身の方。●当社の個人情報の取扱いについて/ご応募いただく個人情報は当社に関する情報提供に利用し、事前の同意なしに第三者に提供することはありません。なお個人情報の処理業務を外部委託する場合がありますが、当該委託事業者を適正に管理します。※お客様の個人情報の開示、訂正、削除については、右記の問合せ先にご連絡下さい。フリーダイヤル:0120-557-628 Eメール:info@sunmarie.com 15884

サンマリエ
無料
仕事も、恋愛も、結婚も、まずは本当の自分を知ることから。
恋愛・結婚診断テスト
まずは、無料の「恋愛・結婚診断テスト」で自分発見。
あなたの隠れた恋愛傾向と、理想の結婚相手を診断します。
kh@4330.jp
土日・祝日も24時間、お申し込みを受付中。
0120-86-4330
詳しくは、ネットで
サンマリエ
検索
URL
www.sunmarie.com
MISA
結婚相手紹介サービス協会会員
Marriage partner Introduction Service Association
MISAとは業界の信頼性の向上と健全化に努める業界団体です。
大切な個人情報をお守りします。
経済産業省の外郭団体JIPDECが認定した事業者だけが使用できるマーク。個人情報を適切に管理・保管している証です。
サンマリエ株式会社
本社:〒160-0023 東京都新宿区西新宿1-4-11 全研プラザ6F TEL:03-5324-6301

④

〈平成21年版〉天王星人の月別運気

〈月別運気の見方〉

☆印＝幸運にめぐり合える〝ラッキーデー〟

★印＝とくに注意したい〝アンラッキーデー〟

平成21年／1月の運気

●天王星人(＋)＝〈財成〉

年運、月運ともに〈財成〉という好運気に恵まれ、やることなすことすべてお金につながっていきます。意外な人からお年玉をもらったり、両親からの小遣《こづか》いもアップしそうです。

恋愛運も絶好調。合コンなどに誘《さそ》われたら、積極的に出かけましょう。お気に入りのファッションで決めていけば、自然と異性の視線を集めるはずです。

恋人とは心から信頼し合えるようになり、あなたの理想としていた関係を築《きず》くことができるでしょう。

☆＝5、7、17、19、29、31日
★＝11、23日

●天王星人(－)＝〈再会〉

年頭から好運気に入りますから、今年一年の計画を綿密《めんみつ》に立て、実行に移しましょう。何事もためらわず、とにかく動き出すことが肝心《かんじん》です。

愛情もないのにズルズルとつき合っていた相手とは、今月中に思い切って清算してください。

異性とめぐり合うチャンスが多いときなので、あなたにぴったりの人が見つかるはずです。

遊び相手にも事欠《か》きませんから、楽しい時間を過ごすことができるでしょう。

☆＝6、8、18、20、30日
★＝12、24日

平成21年／2月の運気

●天王星人(+)＝〈安定〉

勉強も仕事も、これまであなたが積み重ねてきた努力が評価され、いっそうやる気がわいてきます。

時間的にも経済的にも余裕が出てくるので、遊びでも趣味でも、やりたかったことにじっくり取り組みましょう。

これまで忙《いそが》しかった人は、心身ともにリフレッシュを図《はか》ってください。気の合う仲間と近場の温泉などに出かけるのもいいかもしれません。

恋人がいない人は、思いがけない相手から告白されて戸惑《とまど》うこともあるでしょう。

☆＝10、12、22、24日
★＝4、16、28日

●天王星人(−)＝〈財成〉

予定外の収入があるなど、経済的にはまったく心配無用です。少しくらい遊んでも、また、給料日前でも財布の中身が空《から》になることはありません。

決断力に欠《か》け、優柔不断《ゆうじゅうふだん》な天王星人はギャンブルが苦手《にがて》ですが、今月は信じられないくらいツキがめぐってきます。ふだん無駄遣《むだづか》いしている分と同じぐらいの金額を〝投資《とうし》〟してみる価値がありそうです。

お見合いの話が舞い込んだり、友人から異性を紹介されたりするかもしれません。とりあえず、会うだけ会ってみましょう。

☆＝1、11、13、23、25日
★＝5、17日

平成21年／3月の運気

●天王星人(＋)＝〈陰影〉

これまで順調にすすんできたことが、ここへきて足踏《ぶ》み状態になるかもしれません。今月から〝大殺界〟に入ったせいですが、けっして焦《あせ》らないでください。たとえトラブルが起きても冷静に対処《たいしょ》するよう心がけましょう。大事にはいたらないはずです。

気持ちもふさぎがちですが、そんなときは気のおけない友人とお酒でも飲んだり、カラオケで歌いまくったりしてうっぷんを晴《は》らしてください。嫌《いや》なことは、できるだけ早く忘れましょう。

☆＝8、20日

★＝12、24日

●天王星人(－)＝〈安定〉

努力した結果が実るときです。いままで経験したことのないような充足感に満《み》たされるでしょう。

新年度の計画を立てるにもいい時期です。4月から〝大殺界〟に入るので、準備をするだけでなく、今月中に手のつけられるところからスタートさせてください。

つき合いの長短に関係なく、恋人と将来について語り合ういい機会です。ドライブに出かけたり、観光バスの日帰りツアーに参加したりすると、いい雰囲気《ふんいき》の中で心が通じ合うのを感じられるはずです。

☆＝7、9、19、21、31日

★＝1、13、25日

平成21年／4月の運気

●天王星人(+)=〈停止〉

何となく行き詰《つ》まりを感じ、やる気がなくなります。そんなときにかぎって環境を変えたくなったり、新しいことをはじめたくなったりするものです。しかし、ここはじっと我慢《がまん》してください。

たとえ不運なことが起こっても、それは一時的なものです。すぐに解決しようとせず、しばらくは様子を見ることです。

今月は、積極的に動かないほうが得策《とくさく》です。のんびり散歩したり、スポーツで汗を流すなどして、気分をスッキリさせることに専念《せんねん》しましょう。

☆=1、13、25日
★=5、17、29日

●天王星人(−)=〈陰影〉

月運が〝大殺界〟に入りましたが、年運が好運気なので、それほど大きな影響はないでしょう。一時的に落ち込んだとしても、あまり気にしないことです。

仕事や勉強、恋愛も多少、中だるみの状態におちいるかもしれませんが、焦《あせ》る必要はありません。

つまらないミスをして上司《じょうし》から注意を受けることがあっても、決定的な失敗は避《さ》けられます。過ぎたことをクヨクヨ悩むより、たまにはこういうこともあるさと気楽に受け流しましょう。

☆=2、14、26日
★=6、18、30日

平成21年／5月の運気

●天王星人(＋)＝〈減退〉
友人の間でおかしな噂《うわさ》を立てられるかもしれません。しかし、今月は弁解せず無視してください。必死になって言い訳しようとすると、かえって誤解を深める結果になりかねないからです。

ショッピングでうさ晴《ば》らしをしたくなりますが、衝動《しょうどう》買いをして無駄遣《むだづか》いしがちなので気をつけてください。それよりも、フリーマーケットに参加して、いらない服などを整理しましょう。

ひとり旅でもして、気分転換《てんかん》を図《はか》るのもいいかもしれません。
☆＝7、19、31日
★＝11、23日

●天王星人(－)＝〈停止〉
精神的にも肉体的にも疲れがたまってきます。健康には自信がある人でも、無理をするとひどいストレスを抱《かか》えてしまうでしょう。

自分では頑張っているつもりなのに、仕事ぶりがまったく認めてもらえず、落ち込むことも一度や二度ではありません。投げやりな気持ちになりがちですが、グッとこらえてください。

辛《つら》いときは、恋人や友人にグチをこぼしましょう。話しているうちに、気持ちが楽になってくるはずです。
☆＝8、20日
★＝12、24日

平成21年／6月の運気

●天王星人(+)=〈種子〉

気持ちが開放的になって、いろいろなことに好奇心《こうきしん》がわいてきます。興味を惹《ひ》かれるものがあったら、迷わず取り組んでみましょう。仕事や勉強にも役立つはずです。

就職や転職、また結婚にも踏《ふ》み出すときです。今月の積極的な行動がチャンスをつかむポイントと言っても過言《かごん》ではありません。とにかく前進あるのみです。

恋人がいない人も新しい出会いが期待できます。その際《さい》、容姿よりも第一印象を重視してください。フィーリングが合えば、おつき合いしてみましょう。

☆=10、12、22、24日
★=4、16、28日

●天王星人(−)=〈減退〉

学生時代の友人から結婚式の招待状が次々と届いたり、職場では人事異動《いどう》や配置《はいち》換《が》えがあるなど、身辺《しんぺん》が何かとせわしなくなりそうです。

そのうえ、ご祝儀《しゅうぎ》や送別会などで思いがけない出費《しゅっぴ》を強《し》いられますから、憂《ゆう》うつな気分になるかもしれません。

しかし、冠婚葬祭《かんこんそうさい》や世間的なつき合いをおろそかにすると、しだいに孤立《こりつ》してしまいます。いざというとき助けてもらいたいなら、面倒《めんどう》くさがらずに、きちんと義理を果たしましょう。

☆=1、13、25日
★=5、17、29日

平成21年／7月の運気

●天王星人(+)=〈緑生〉

お金にはあまり執着《しゅうちゃく》しないあなたですが、今月は倹約《けんやく》を心がけましょう。また、貯金をはじめるのもいいかもしれません。少額といえどもコツコツ地道に続けていけば、年内にはある程度の形になるはずです。

恋愛も順調に運びそうです。〈緑生〉はやや弱な面があるので無理押しは控《ひか》える必要がありますが、弱気になることはありません。相手の気持ちを確かめるには、あなたから積極的に働きかけることです。

恋人がいない人にも、好みの異性と出会うチャンスがあるでしょう。

☆=4、6、16、18、28、30日

★=10、22日

●天王星人(−)=〈種子〉

夏の到来《とうらい》とともに、気分も晴《は》れ晴《ば》れとしてきます。海でも山でも自然を満喫《まんきつ》できる場所に出かけ、たまったストレスを発散《はっさん》させましょう。

サークルや趣味の集まりなどで、いままで話したことがなかった人と親《した》しくなる機会があるかもしれません。今月、親しくなった人は大切にしてください。将来、あなたにとって大きな意味を持つ人となります。

忙《いそが》しくて、なかなか会えなかった恋人とも、久しぶりのデートを楽しむことができるでしょう。

☆=5、7、17、19、29、31日

★=11、23日

平成21年／8月の運気

●天王星人(+)＝〈立花〉

今月得たものは、それが財産であれ恋人であれ、あなたの人生の中で不動のものとなります。とくに、財テクには意欲的に取り組んでください。

ショッピングでも高級品を格安の値段で手に入れることができるでしょう。バーゲン品をくまなくチェックしたり、フリーマーケットを覗《のぞ》いてみたりすると、意外な掘《ほ》り出し物が見つかるかもしれません。

恋人とも充実した時間を過ごすことができます。結婚したいのなら、勇気を出して切り出す好機です。

☆＝9、11、21、23日
★＝3、15、27日

●天王星人(－)＝〈緑生〉

運気は徐々《じょじょ》に上昇しています。先月から心機一転《しんきいってん》、仕事や勉強に本格的に取り組んでいる人は、順調にすすんでいることを実感できるはずです。

人間関係では、あなたの発言が周囲の人たちに大きな影響を与えます。職場や学校では、リーダーシップを発揮《はっき》して信頼を得ることができるでしょう。

遊びの面でも天王星人らしさを発揮し、さまざまな人たちと楽しい時間を過ごすことができます。ただし、ハメをはずし過ぎないよう気をつけてください。

☆＝10、12、22、24日
★＝4、16、28日

平成21年／9月の運気

●天王星人（＋）＝〈健弱〉

夏の疲れが出てきて、心身ともにスッキリしません。ただし、体の不調は軽い疲労《ひろう》が原因ですから心配するほどではないでしょう。とはいえ無理は禁物《きんもつ》です。今月は休養を心がけてください。

仕事や勉強、恋愛も小休止《しょうきゅうし》の時期ととらえること。体が気持ちについていかないので、頑張っても空回《からまわ》りするだけです。

これまでは、休日は遊びにレジャーにと精力《せいりょく》的に動き回っていたかもしれませんが、今月は自宅で読書をしたり、ＤＶＤでも見たりしてのんびり過ごしましょう。

☆＝4、16、28日
★＝8、20日

●天王星人（－）＝〈立花〉

単調な生活から何をしても楽しく充実した生活に変わります。仕事や勉強は言うまでもなく、遊びも恋愛も、あなたの思いのままになるでしょう。

将来の方向を決定づける運気＝〈立花〉を迎えているので、今月手がけたことは、どんなことでも、後々《のちのち》大きな成果をもたらすはずです。

マイホームを購入すれば、その家は生涯を通じて崩《くず》れない財産となります。素敵な異性とめぐり合うことができたら、あなたの恋人になるに違いありません。

☆＝3、5、15、17、27、29日
★＝9、21日

平成21年／10月の運気

●天王星人(+)＝〈達成〉

前月の不調がウソのように消え、すべてが順調に運ぶようになります。

就職や転職、結婚などについて多少のトラブルが発生したとしても、難《なん》なく解決することができるはずです。

経済的にも余裕ができますから、遊びやレジャーも存分に楽しむことができるでしょう。

恋愛運も好調で、多くの異性から声をかけられます。ひとりに決めかねるようなら、焦《あせ》らずじっくりと何人かとつき合ってみるのもいいかもしれません。

☆＝8、10、20、22日
★＝2、14、26日

●天王星人(−)＝〈健弱〉

最近、めまぐるしく動いていたせいか、疲れがたまっているかもしれません。

何となく体がだるかったり、やる気が出なかったりしたら、無理はしないでください。有給休暇《ゆうきゅうきゅうか》をとるなどして、心身ともにリフレッシュすることです。温泉にでもゆっくりつかって、日ごろのうさを晴《は》らしましょう。

恋人との関係もギクシャクしがちですが、無理に修復しようとせず、少し距離をおくようにすると、おたがいに冷静になることができます。

☆＝11、23日
★＝3、15、27日

平成21年／11月の運気

●天王星人(＋)＝〈乱気〉

結論を先送りにしてきた問題が、ここへきて抜き差しならない事態に発展する恐《おそ》れがあります。そのときになって後悔しても後の祭りです。

人間関係でのトラブルに見舞われることもあるでしょう。そのため、いつものあなたらしくなく、人嫌いにおちいってしまうかもしれません。今月は、できるだけひとりで過ごすようにしてください。

転職や引っ越し、結婚など大きく動くのは禁物《きんもつ》です。新しいことをはじめても、たいがいは失敗に終わるでしょう。

☆＝3、15、27日
★＝7、19日

●天王星人(－)＝〈達成〉

片想いの相手がいる人は、勇気を出してアタックしてみましょう。自分の気持ちを正直に包《つつ》み隠《かく》さず伝えれば、きっといい返事がもらえるはずです。

転職を考えている人は、できるだけ多くの友人、知人に相談してください。とても参考になる、思いがけない話を聞けるかもしれません。

長い間、フリーターをしていた人も、いい就職口が見つかります。向き不向きを考えて悩むより、まずはチャレンジしてみることです。

☆＝2、4、14、16、26、28日
★＝8、20日

平成21年／12月の運気

●天王星人(＋)＝〈再会〉

今月から三カ月間は、好運気に恵まれます。新たなことをはじめたり、以前に失敗したことをやり直したりするいい時期です。些細《ささい》なことでケンカ別れをしてしまった相手とも仲直りするチャンスです。ヨリを戻したいと思っているなら、ためらわず連絡をとってみましょう。

今月知り合った異性は、あなたの人生に幸運をもたらしてくれる人になります。クリスマスパーティーや忘年会、合コンなど、人の集まる場所には積極的に出かけてください。

☆＝7、9、19、21、31日
★＝1、13、25日

●天王星人(－)＝〈乱気《らんき》〉

仕事も恋愛も行き詰まりを感じるかもしれません。ただ、年運は〈再会〉ですから、少しくらいの壁《かべ》なら乗り越えるのはむずかしくありません。

悩んでいる暇《ひま》があったら行動に移すこと。かならず打開できるはずです。

生活のリズムが夜型になっていた人は、思い切って朝型に変えてみてください。また、コンビニ弁当や外食ばかりだった人も、できるだけ自炊《じすい》するよう心がけましょう。生活スタイルを変えることで、精神的にも落ち着くに違いありません。

☆＝10、22日
★＝2、14、26日

★天王星人のあなたがたどるこれから12年間の運命

注＝陽（＋）の人は上欄を、陰（－）の人は下欄で年度を見てください

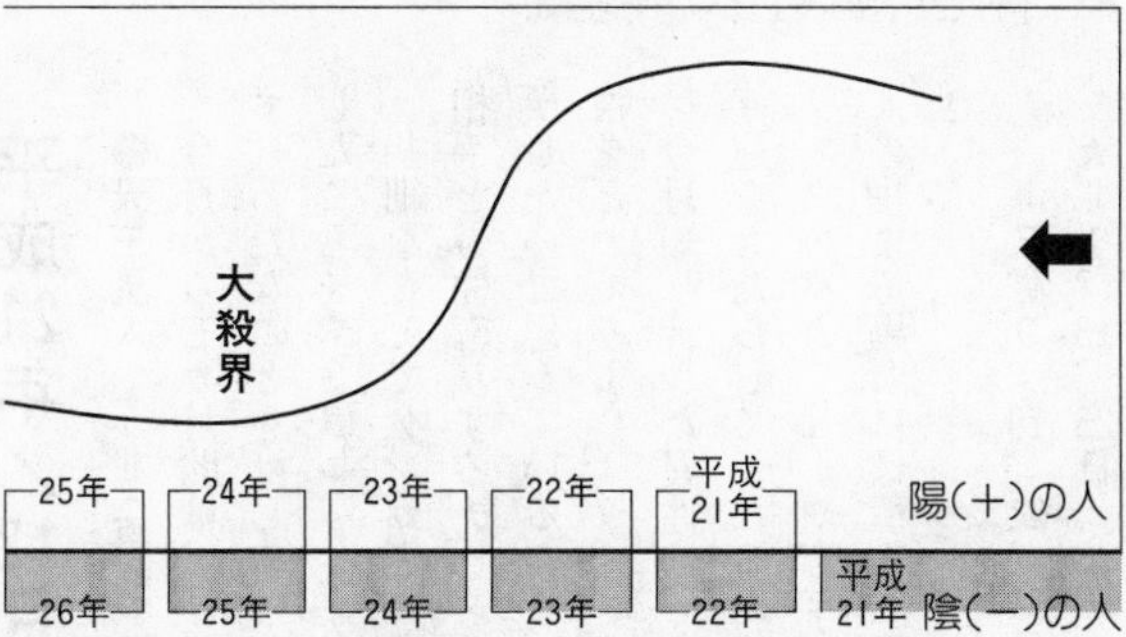

再会＝驚くほど異性からの誘いが多い一年。まさに春爛漫といった恋愛運。観光や語学・技術習得など目的は何にしろ、より大きな実りを得たいなら、海外へ進出してみる価値もあり。

財成＝労せずとも収益があがる一年。副業が本業の収入を超える可能性もあるため、とくにサービス業や営業など、人と接して利益を得る仕事は、探してでもトライしてみたいとき。

安定＝細かいことに気を遣わず、自分なりに仕事をこなしたり、恋愛を満喫していけるとき。経済的にも余裕ができるが、衝動買いなどで散財しないよう、計画性を持っていきたい。

陰影＝何をしても心ここにあらずといった状態が続く一年。気づかないうちに窮地におちいるため、常に周囲の状況判断を怠らず、慎重に身の振り方を考えていく必要あり。

停止＝仕事、恋愛、金銭など、すべてにわたり、これまでの価値観がくつがえされるとき。ふだんと同じことをしていても進退きわまる状況におちいる。物事を甘く見ないことが大事。

減退＝運気はやや上昇に向かい、何となく晴れやかな気分を味わえる機会が増えていく。しかし、恋人や友人との別離など、人との縁が途切れることが続き、寂しい思いをしそう。

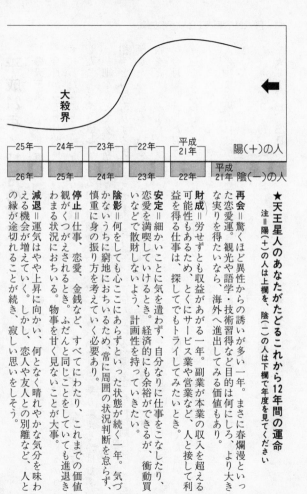

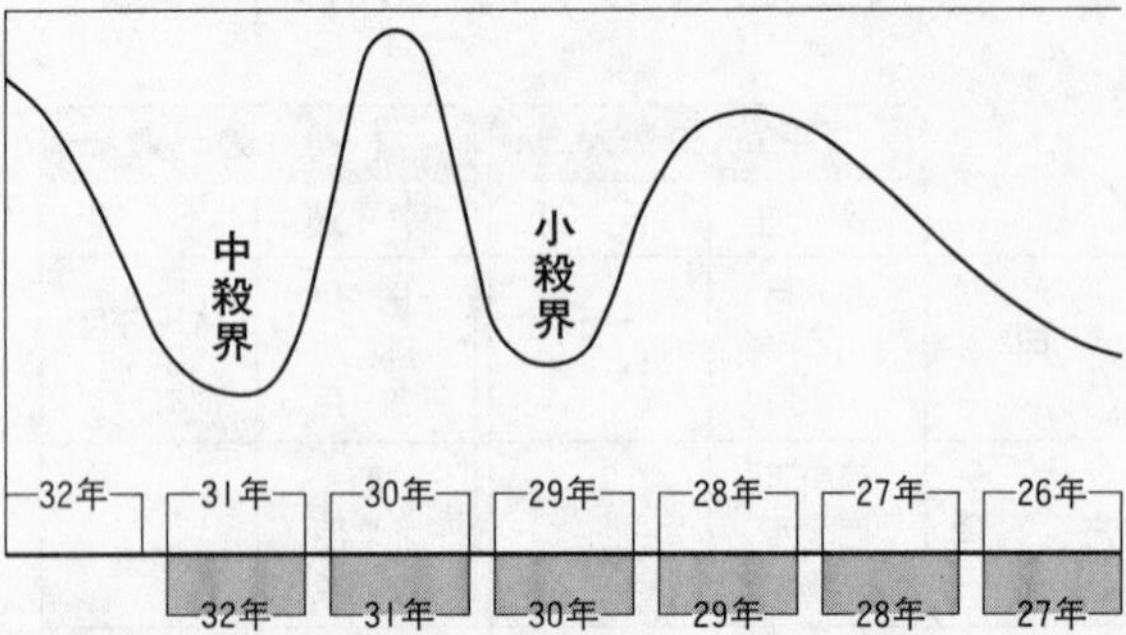

種子＝何事にも画期的な飛躍ができるとき。未知の分野に乗り出し、見聞を広めることに専念を。あるいは、徹底して専門分野を究めると、将来ひと旗あげるほどの成長が期待できそう。

緑生＝いろいろなことに好奇心がわいてくる。その中で「これだ！」と思ったことには挑戦してみる価値はある。今後のあなたの人生にとって、大いに役立つことは間違いない。

立花＝好不調の波が激しいとき。全体としては好調の時期が多いが、不調のときに無理をすると大きなダメージを受ける恐れも。好調さを維持するためには、調子に乗ってハメをはずさないこと。

健弱＝体調の悪さが精神面に影響して、弱気になったり落ち込んだりする傾向が。楽観的で明るい性格が影をひそめ、つい他人に八つ当たりしたくなる。それが高じると人間関係に破綻が。

達成＝思いどおりに事が運ぶとき。心身ともに充実し、何に対してもエネルギッシュに取り組むことができる。仕事や勉強、また恋愛でも、やりたいことを実現させるため、目標を明確に。

乱気＝精神的に不安定になりやすく、それが人間関係に悪影響を及ぼす恐れが。軽はずみな行動が多くなり、些細なことから大きなトラブルに発展することもあるので要注意。

再会＝公私にわたって大きな成果を勝ち取ることが可能。多くの人と積極的に関わりを持ちたいとき。アンテナを広げて情報収集に努めると幸運が舞い込むかも。夢の実現に向け前進を。

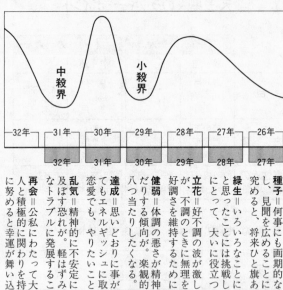

★★ 天王星人のラッキー・ポイント ★★

	(+)の人 幸運	(+)の人 不運	(−)の人 幸運	(−)の人 不運
月	8月 10月 1月	3〜5月 11月	9月 11月 2月	4〜6月 12月
方角	西南西 西北西 北北東	東 南東	西 北北西 東北東	南 南東
異性との相性	申・戌・丑年生まれ	卯・辰・巳・亥年生まれ	酉・亥・寅年生まれ	辰・巳・午・子年生まれ

幸運なもの	陶磁器、石、薬品、花、リボン。
幸運な色	紫、紺、茶、緑。 タブー色＝黄、銀色。
幸運な場所	ホテルのロビー、野球場、バーゲン会場、博覧会（イベント会場）、ラブホテル。
幸運なスポーツ	バレーボール、テニス、ジャズダンス。

健康運	胃、腸、十二指腸など消化器系統に障害が発生しやすい。肺も要注意。
勝負運	ギャンブルに執着すると、衰運を招くので要注意。

Lucky Points of Uranians

❺——天王星人のいい相性、ダメになる相性

◆六星占術による相性の読み方

「六星占術」では、人間の運命の変化をいろいろな角度からとらえています。ひとつには、毎年・毎月の運気から見た、人それぞれの運勢です。運気の変化は、どんな運命星の人でも同じですから、その意味するところを知ったうえで、自分の生活をコントロールしていけばいいわけです。

次に重要なのが、運命星の持つ特徴《とくちょう》です。これも、いろいろな行動を起こすとき、どのようにしたらいいのかを判断する重要な目安《めやす》となります。

そして、もうひとつがいわゆる相性です。相性とは、人と人との関係性のことですが、あなたもこれまで一度ならず自分の恋人や会社の上司《じょうし》、あるいは兄弟や両親との相性について考えたことがあるに違いありません。自分で直感的に感じるものもあるでしょうし、周りの人が指摘《してき》してくれたこともあるでしょう。

また、西洋占星術や九星(気学)による相性、さらには血液型によるものなど、相性についてもいろいろな情報があふれているようです。しかし、「六星占術」でいう相性は非常に厳密《げんみつ》な内容を持っており、私はこれまでそれをもとに多くの予言をし、的中させてきました。

基本的には、相性には二つの面があるというのが、「六星占術」の考え方です。

ひとつは、生まれつき定まっている相性、もうひとつは、時間の経過によって変化していく相性です。「六星占術」では前者を「相性」（地運《ちうん》と言います）、そして後者を「相性運」（天運《てんうん》と言います）と呼んで区別しています。

さらにもうひとつ、生まれつき定まっている相性に含まれるのですが、性格・気《き》質《しつ》のぶつかり合いを説《と》く、運命星どうしの相性というものもあります。

ですから、「六星占術」でいう相性には、全部で三つの側面があることになります。西洋占星術や血液型、九星（気学）などと比《くら》べて、相性の見方が緻密《ちみつ》で正確である理由がこれでおわかりいただけるのではないでしょうか。

それでは、まず天運ですが、その年（月、日）のおたがいの運気の組み合わせによって判断します。どんな人も年ごとに運気が変化していきますから、その組み合わせによって決まる天運も、当然それにつれて変化していきます。そして、相性を判断するうえでもっとも重視しなければならないのが、この天運なのです。

おたがいの運気、または、どちらか一方の運気が〝殺界〟にあると、〝相性殺界《あいしょうさっかい》〟といって、二人の間に好ましい関係を築《きず》くことが困難《こんなん》になります。わかりやすくするために、具体的な例を挙《あ》げて解説していくことにしますので、そちらを参考にしてください。

◆ココリコ・遠藤さんと千秋さんの離婚は〝大殺界〟が原因

平成19年の末、女優の松《まつ》たか子《こ》さんとミュージシャンの佐橋佳幸《さはしよしゆき》さんの入籍、元プロ野球選手の新庄剛志《しんじょうつよし》さんとタレントの大河内志保《おおこうちしほ》さんの破局など、芸能界は結婚・離婚が相次《あいつ》ぎました。その中でも、人気お笑いコンビ「ココリコ」の遠藤章造《えんどうしょうぞう》さんとタレントの千秋《ちあき》さんの電撃《でんげき》離婚には驚いた人も多かったのではないでしょうか。

番組での共演がきっかけで知り合った二人は、おたがい熱狂《ねっきょう》的な阪神ファンだったことで意気投合《いきとうごう》、約二年半の交際を経《へ》て、平成14年にめでたく結ばれます。娘さんも生まれ、幸せな家庭を築《きず》いていた〝おしどり夫婦〟ともっぱらの評判でした。

それが、わずか五年半で終止符《しゅうしふ》を打つことになってしまったのです。

離婚の原因はいろいろあるようですが、お笑い芸人の遠藤さんが女性関係にだらしなかったことが挙《あ》げられています。

昭和46年7月13日生まれの遠藤さんは天王星人(－)。天王星人は、性格的にルーズなところがあるうえ、優柔不断《ゆうじゅうふだん》ときていますから、男性の場合、どうしても女性関係がいい加減《かげん》になりがちです。

そんな遠藤さんを、お嬢さま育ちで何事もきちんとしないと気が済《す》まない千秋さんは、許せなかったのでしょう。

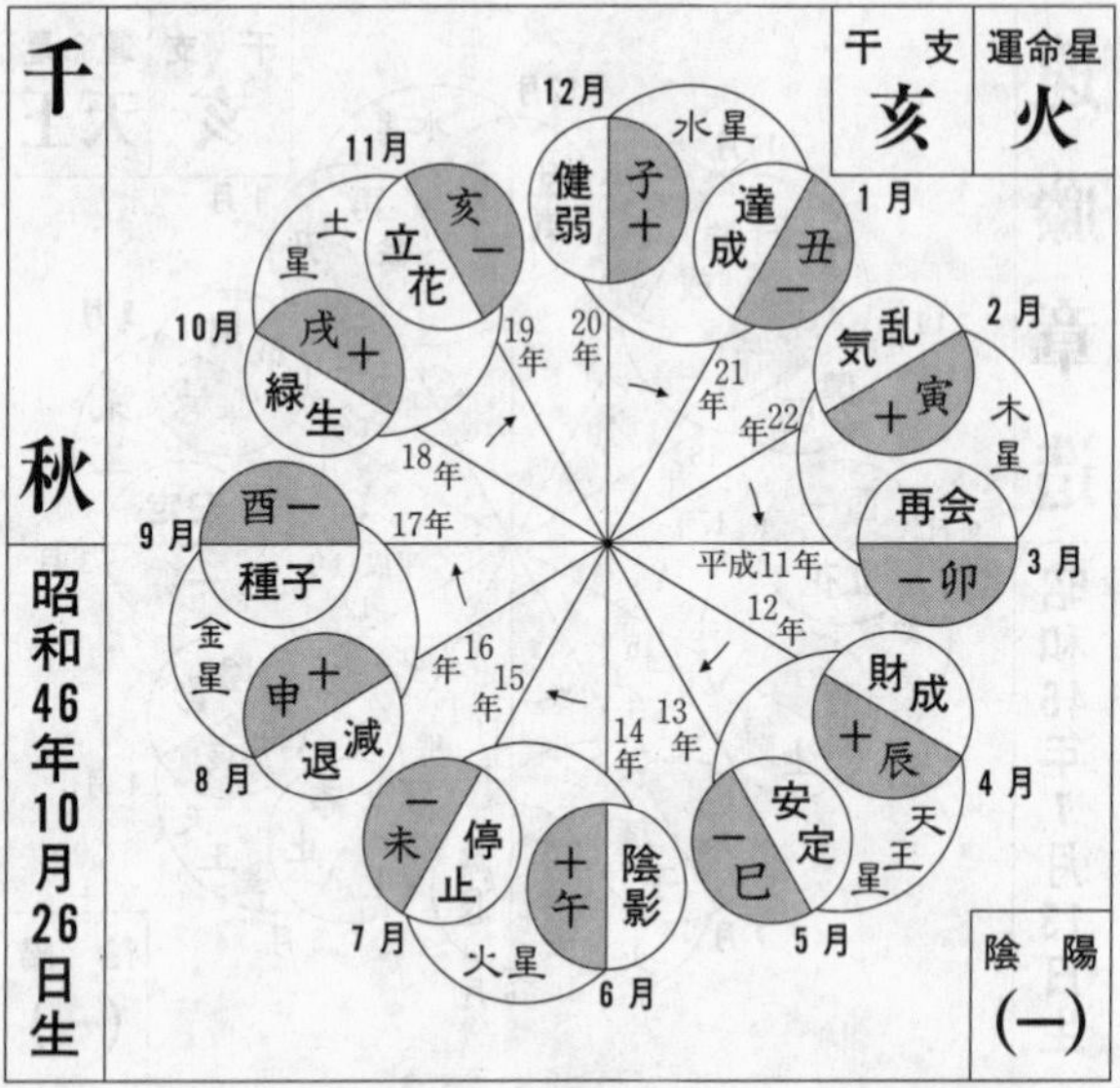

一部上場《いちぶじょうじょう》企業の会長を父に持つ千秋さんと、庶民《しょみん》の家庭に育った遠藤さんとでは、生活感覚に大きな違いがあったとも言われています。

また、千秋さんは昭和46年10月26日生まれの火星人(−)で、火星人ならではのプライドの高さも影響していたに違いありません。

しかし、離婚の最大の原因は、二人が結婚した年の運気にありました。

結婚した平成14年は、千秋さんが〝大殺界〟の〈陰影〉でした。ただ、結婚は男性の運気の

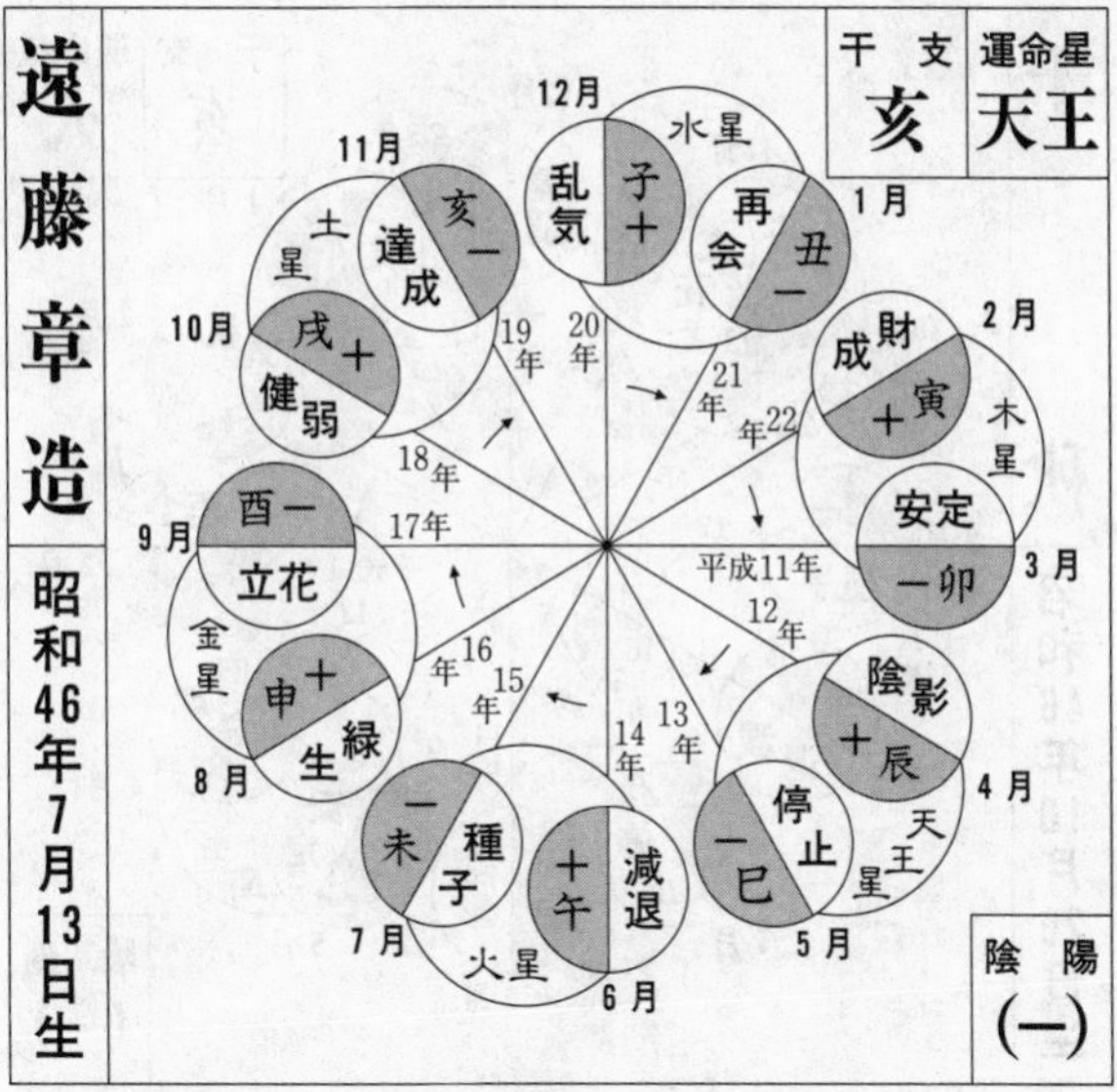

ほうが大事ですから、それはまだいとしても、じつは遠藤さんのほうも〝大殺界〟の〈減退〉だったのです。これでは、こうした結末を迎えたのも致《いた》し方《かた》ないと言えます。

五年半続いたのは、千秋さんが結婚後もタレントの仕事を続けていたからです。おたがいに忙《いそが》しくすれ違いが多かったことで、逆に何とか持ちこたえたとも言えるでしょう。

もしも、結婚を機に千秋さんが引退して家庭に入っていたら、もっと早く結論が出ていたかもしれません。

平成21年の天王星人(+)からみた土星人(+)との相性運　【財成→緑生】

★二人が協力すれば財を築ける

経済面で二人が力を合わせれば、大きな成功をつかめます。

とくに、金銭面でルーズになりがちなあなたが、〈財成〉の好運気を活《い》かすには、土星人(+)が必要不可欠《ふかけつ》の存在となります。

というのも、潔癖《けっぺき》で几帳面《きちょうめん》な土星人が、浪費《ろうひ》グセのあるあなたを抑《おさ》えてくれるからです。二人が協力すれば、着実に貯蓄《ちょちく》が増えるでしょう。

ただし、〈財成〉という時期は、財産づくりにばかり目を向けていると、おたがいの愛情に亀裂《きれつ》が入る恐《おそ》れがあります。正反対の性格を持つ二人だけに、相手を思いやる気持ちを忘れないでください。

平成21年の天王星人(+)からみた土星人(−)との相性運　【財成→種子】

★強い信頼関係が成功のカギ

仕事のパートナーにかぎらず、友人や知人でも、今年の土星人(−)と組むことによって、将来、大きな財産を築《きず》く可能性が高くなります。

ただし、天王星人のいい加減《かげん》さが前面に出てしまうと、土星人(−)から信頼されなくなってしまいます。

二人の間に強い信頼関係があってこそ、確実に財産を増やすことができるのだと、肝《きも》に銘《めい》じておいてください。

恋人どうしの場合は、自分にはない部分を相手から吸収し、ともに成長し合っていけるプラス思考の関係を築いていくことができるでしょう。

平成21年の天王星人(+)からみた金星人(+)との相性運【財成→健弱】

★深入りしないほうがいい相手

今年のあなたは、努力した分は金銭面に反映されます。ところが、〝小殺界〟に入っている金星人(+)と深く関《かか》わると、ストレスを抱《かか》えることが多くなりがちです。つかず離れずの関係を意識してください。

これまで、公私にわたって的確なアドバイスをしてくれていた相手だったとしても、今年だけはあまり頼《たよ》りにしないほうがよさそうです。

恋人どうしなら、二人の間に起こる問題に辛抱《しんぼう》強く耐《た》えてください。というのも、あなたの態度しだいで、来年訪《おとず》れる〈安定〉の時期に、相手から深い信頼と愛情を得られるかどうかが決まるからです。

平成21年の天王星人(+)からみた金星人(−)との相性運【財成→立花】

★ひと財産築ける組み合わせ

好運気に入っている二人ですから、夫婦なら子宝を授《さず》かったり、恋人どうしなら結婚、事業のパートナーなら大儲《おおもう》けも期待できます。

いずれにしても、二人にとって今年は、将来を決める大事な時期となるに違いありません。

友人どうしであっても、いままで以上に信頼関係を深め、生涯変わらぬ友情を育《はぐく》むことができるでしょう。

経済的にも、ひと財産築《きず》ける組み合わせなので、今年は金星人(−)と関《かか》わりを持つようにしてください。あなたの深い愛情と心の広さを発揮《はっき》できる相手です。

平成21年の天王星人(＋)からみた火星人(＋)との相性運　【財成→乱気】

★愛情面では泥沼にはまり込む恐れが

愛情面では、ひと波瀾《はらん》もふた波瀾もありそうです。あなたは火星人(＋)にひと目惚《ぼ》れしやすいのですが、相手の精神状態が不安定なため、いろいろと振り回されてしまい、心の休まる暇《ひま》がありません。

優柔不断《ゆうじゅうふだん》な天王星人(＋)だけに、なかなか別れを切り出せず、ズルズルと不毛《ふもう》な関係を続け、泥沼《どろぬま》にはまり込んでしまう恐《おそ》れもあります。

相手の機嫌《きげん》をとるために、散財《さんざい》させられたあげく、捨《す》てられるといった最悪の事態も考えられます。

今年の火星人(＋)とは、ある程度の距離をおいてつき合うしかないでしょう。

平成21年の天王星人(＋)からみた火星人(－)との相性運　【財成→達成】

★深い愛情と信頼関係で結ばれる相手

おたがいに深い愛情と信頼関係で結ばれ、最高に充実した一年を送ることができるでしょう。とくにセックス面では、いままで感じたことのない歓《よろこ》びを与えてくれる相手が、今年の火星人(－)です。

ただ、あなたがだれに対しても八方美人《はっぽうびじん》的な態度をとると、相手は失望してしまいます。浮気心は抑《おさ》えてください。

夫婦の場合、二人とも浪費《ろうひ》グセがあるため、日ごろから倹約《けんやく》を心がける必要があるでしょう。事業のパートナーとしては〝鬼に金棒〟の組み合わせですが、調子に乗りすぎると、足をすくわれかねません。心してほしいものです。

平成21年の天王星人(+)からみた天王星人(+)との相性運【財成→財成】

★常に愛情を確かめ合う姿勢を

今年の天王星人(+)のところには、お金が集まってくると同時に人も集まってきます。ただ、〈財成〉の時期に得た愛情や友情は、お金とともに消えてしまうこともあります。

二人でお金に執着《しゅうちゃく》すると最愛の人を失《うしな》いかねないので、金銭面で恩恵《おんけい》を受けたら、ふだんお世話になっている人たちに、どんな形でもいいので、心から感謝の気持ちをあらわしましょう。

結婚を考えているカップルは、月運もいいときにゴールインできれば、金銭面での苦労はありません。ただし、常に愛情を確かめ合う姿勢を忘れないでください。

平成21年の天王星人(+)からみた天王星人(−)との相性運【財成→再会】

★二人がタッグを組めば怖いものなし

二人とも好運気に恵まれているので、何をしても楽しく感じられ、それほど苦労もせずに成功という果実を手にすることができるでしょう。

ひとりなら立ち往生《おうじょう》してしまうような問題に直面しても、天王星人(−)がそばにいればプラス思考で向かっていくことができます。逆境《ぎゃっきょう》の中でパワーを発揮《はっき》する天王星人だけに、二人がタッグを組めば怖《こわ》いものなしと言っても過言《かごん》ではありません。

これは、仕事や家庭、恋愛と、すべての面に通じることですから、事業を興《おこ》すにしろ、結婚するにしろ、自信を持って取り組んでください。

平成21年の天王星人（+）からみた木星人（+）との相性運【財成→陰影】

★なるべくなら深入りしたくない相手

あなたの周囲に木星人（+）がいたら、なるべく深入りしないようにしてください。

二人とも運気がよければ、おたがいの欠点をカバーし合える理想的な関係を築《きず》くことができますが、今年は木星人（+）が〝大殺界〟に入っているので、何かにつけてあなたの足を引っ張ろうとするでしょう。考え方も正反対で、いさかいの絶《た》えない一年になりそうです。

ただし、あなたの言い分を相手が聞き入れないからといって感情的になってはいけません。本来は、それぞれ相手の長所からよい影響を受け、ともに成長し合える星どうしであることを忘れないでください。

平成21年の天王星人（+）からみた木星人（−）との相性運【財成→安定】

★あなたを陰で支えてくれる存在に

今年の木星人（−）は、あなたを陰《かげ》で支えてくれる頼《たの》もしい存在となります。それに対して、あなたが心から感謝の気持ちをあらわすことによって、精神面でのバックアップも期待できます。

たとえ相手が部下であっても、そうした姿勢を崩《くず》してはいけません。部下から何かを学びとるという謙虚《けんきょ》さがあれば、強い信頼関係で結ばれることでしょう。

恋人どうしの場合は、〝家庭の星〟である木星人（−）によって、結婚話が具体化する可能性があります。二人とも好運気なので、今年ゴールインすれば、理想の家庭を築《きず》けるに違いありません。

平成21年の天王星人(+)からみた水星人(+)との相性運【財成→減退】

★浪費しがちな相手に苦労させられる

財運に恵まれている水星人(+)は、お金に困るということがないにもかかわらず損《そん》得勘定《とくかんじょう》にはシビアです。しかし、今年は〝大殺界〟に入っているため、金銭感覚が鈍《にぶ》くなり、ついつい浪費《ろうひ》しがちです。

そのため、あなたの貯金に手をつけられたり、借金の肩代わりをさせられたりということもあるかもしれません。夫婦だったら、無駄遣《むだづか》いを控《ひか》えるようあなたが財布のヒモをガッチリ握っておくことです。

恋人どうしの場合、二人の間に亀裂《きれつ》が生じる恐《おそ》れがあります。相手の浮気が発覚し、あなたとの関係も遊びだったことが判明するかもしれません。

平成21年の天王星人(+)からみた水星人(−)との相性運【財成→停止】

★お金をめぐっていさかいを起こす関係

今年の二人は、一年中お金をめぐって争いが絶《た》えないと言っても過言《かごん》ではありません。恋人どうしや夫婦であっても、あなたが稼《かせ》いだお金を食いつぶしてしまうのが今年の水星人(−)です。子どもがいればぶつかり合いはかなり避《さ》けられますが、油断《ゆだん》は禁物《きんもつ》です。

つき合いが長ければ長いほど、あなたから縁《えん》を切ることができないため、ズルズルと泥沼《どろぬま》にはまり込んでしまい身動きがとれなくなる恐《おそ》れがあります。

たとえ、どんなにお世話になった人でも、今年はできるだけ関《かか》わらないようにしたほうがよさそうです。

平成21年の天王星人(－)からみた土星人(＋)との相性運　【再会→緑生】

★ぜひとも味方につけておきたい相手

八方美人《はっぽうびじん》的な天王星人のあなたは、同性から何かと誤解を受けやすいのですが、今年の土星人(＋)を味方《みかた》につければ、根も葉もない噂《うわさ》話をささやかれることもなく、反対に、あなたへの評価が高まります。

とにかく、土星人(＋)には裏表のない態度で接するようにしてください。遊び半分の気持ちや、お金が目的で接するのは絶対に禁物《きんもつ》です。

恋人や家族、仕事仲間、友人など、あなたの周囲にいる土星人(＋)に愛情を注《そそ》げば注ぐほど、相手はそれ以上のものを返してくれます。心が通い合う素晴《すば》らしさを実感することができるでしょう。

平成21年の天王星人(－)からみた土星人(－)との相性運　【再会→種子】

★結婚するには最適な時期

運命がよい方向に向かいはじめた土星人(－)は、あなたにタイミングよくお金儲《もう》けのアイデアをもたらしてくれるでしょう。さらに、二人にとってプラスになるものを与えてくれる人たちとの出会いにも恵まれます。

しかし、土星人はもともと人づき合いがあまり得意《とくい》ではないので、対人関係ではあなたがリーダーシップをとってください。

恋人どうしなら、結婚するには最適な時期ですから、あなたのほうから積極的に話をすすめてみましょう。夫婦や親子の場合も、家庭は円満で笑顔の絶《た》えない一年を過ごすことができます。

平成21年の天王星人(－)からみた金星人(＋)との相性運【再会→健弱】

★何となく歯車がかみ合わない二人

今年の金星人(＋)とは、何となく歯車がかみ合わないといった関係になりがちです。結婚への条件はすべてそろっているのに、その気がないような相手のいい加減《かげん》な態度にイラ立ちを感じるかもしれません。夫婦の場合、将来のことを相談しようとすると、逃げ腰になる夫や妻に不満を抱《いだ》くこともあるでしょう。

おたがいに好運気であれば、何も言わなくても意見がぴったりと合う最高のパートナーとなるのですが、今年は些細《ささい》なことでもズレが生じがちです。しかし、相手が好運気を迎える来年のために、大きな心で接するしかありません。

平成21年の天王星人(－)からみた金星人(－)との相性運【再会→立花】

★二人で決断し、実行すれば成功する

好運気に恵まれた二人にとって、今年は怖《こわ》いものなしと言っても過言《かごん》ではありません。この相性運のもとで決断し、実行したことは、間違いなく成功するはずです。しかも、その成功は一時的なものではなく、将来にもいい影響を及《およ》ぼします。

おたがいの交際範囲《はんい》は広がりますが、だからといって浮気の心配はありません。それぞれが相手に対して深い愛情を抱《いだ》き、だれよりも必要な存在だと認識《にんしき》することができるからです。

夫婦の関係も円満で、笑顔の絶《た》えない明るく楽しい家庭を築《きず》けるでしょう。子宝《こだから》に恵まれる可能性も大いにありそうです。

平成21年の天王星人(－)からみた火星人(＋)との相性運【再会→乱気】

★あなたが主導権を握ることが大事

やる気に満《み》ちあふれているあなたでも、今年の火星人(＋)と関《かか》わると、意欲が薄《うす》れてしまいがちです。

今年は、恋人や夫婦、同僚《どうりょう》など、どんな関係の相手であろうと、あなたが主導権を握って常に一歩先を行くようにしなければいけません。

火星人(＋)に主導権をわたしてしまうと、相手に引きずられ、波瀾《はらん》に満ちた一年になりかねないからです。

あなたが好運気の恩恵《おんけい》を十分受けるためには、優柔不断《ゆうじゅうふだん》な態度は禁物《きんもつ》です。少しくらい強引であっても、相手をぐんぐん引っ張っていってください。

平成21年の天王星人(－)からみた火星人(－)との相性運【再会→達成】

★理想的なカップルになれる二人

この二人は、つき合いが長くなればなるほど、おたがいの欠点を指摘《してき》し合い、ケンカが絶《た》えなくなるのですが、今年は二人とも好運気に恵まれているので、〝人の振り見て我が振り直せ〟とばかりに、相手の欠点を自分のプラスにしていくことができるという理想的なコンビになります。

あなたが男性で、相手が火星人(－)の女性という組み合わせのカップルだったら、何も言うことはありません。

恋人どうしであれば、おたがいに相手を尊敬し、深い愛情で固く結ばれます。夫婦であれば、愛情あふれる温《あたた》かな家庭を築《きず》けるでしょう。

平成21年の天王星人(－)からみた天王星人(＋)との相性運　【再会→財成】

★金銭面でバックアップしてくれる相手

新しく何かをはじめるのにふさわしい時期を迎えたあなたを、金銭面からバックアップしてくれるのが、今年の天王星人(＋)です。

天王星人どうしは、仕事よりも友人や知人とのつき合いを優先させがちですが、恋人どうしや夫婦であれば、相手に対して惜《お》しみない愛情を注《そそ》いでください。好運気に恵まれたときこそ、絆《きずな》を深め合うことが大切になってきます。

お見合いであれ何であれ、相手が天王星人(＋)なら、ためらわずに受けてください。好みのタイプとめぐり合うチャンスが大いにありそうです。

平成21年の天王星人(－)からみた天王星人(－)との相性運　【再会→再会】

★成功を勝ち取ることができる二人

もともと同じ星人なので共通する部分が多く、しかも今年は、二人とも好運気なので、もっとも安らぎを感じる相手と言えるかもしれません。

一緒にいるだけで幸福感にひたれる組み合わせと言えるでしょう。それは、恋人どうしや夫婦だけでなく、友人や会社の同僚《どうりょう》との間でも同じです。

この二人がコンビを組めば、あらゆる面において成功を勝ち取ることができるに違いありません。ただし、天王星人は物事にけじめをつけるのが苦手《にがて》で、ともするとルーズになりがちなので、その点は十分気をつけてください。

平成21年の天王星人(－)からみた木星人(＋)との相性運　【再会→陰影】

★あなたをトラブルに巻き込む相手

好運気を迎え、やる気にあふれているあなたに水を差したり、出端《ではな》をくじくようなことをしたりするのが、今年の木星人(＋)です。

あなたが目標に向けて頑張っていても、端《はな》から不可能と決めつけ、あなたの可能性の芽《め》を摘《つ》んでしまう相手ですから、はじめから関《かか》わり合わないほうが無難《ぶなん》です。

関係を断《た》ち切れないと、相手のトラブルに巻き込まれ、尻拭《しりぬぐ》いをさせられることも覚悟《かくご》しておいてください。

とくに、金銭面でこじれると裁判沙汰《ざた》にもなりかねないので、借金の申し込みだけは心を鬼にして断《ことわ》ることです。

平成21年の天王星人(－)からみた木星人(－)との相性運　【再会→安定】

★結婚するなら今年がチャンス

結婚を考えている人は、今年がチャンスです。たとえ、親や上司《じょうし》などから横やりが入ったとしても、友人たちの応援が強力な武器となり、たくさんの祝福を受けながら新生活をスタートさせることができます。

夫婦の場合は、マイホームを購入するにもいい時期です。さほど苦労をしなくても、親戚《しんせき》や知人からいろいろな情報がもたらされ、条件にかなった物件を見つけることができそうです。

仕事のパートナーにも恵まれ、あなたの企画やアイデアが次々に採用され、上司や同僚《どうりょう》からの評価も高まり、ボーナスもアップするに違いありません。

平成21年の天王星人(－)からみた水星人(＋)との相性運 【再会→減退】

★相手の態度を反面教師とすること

好運気の波に乗り、何をしてもいい結果が出るあなたに対し、いわれのないケチをつけてきたり、嫌《いや》がらせをしたりしてくるのが今年の水星人(＋)です。

恋人どうしの場合、どんなにあなたが愛情を注《そそ》いでも、それに応《こた》えてくれないばかりか、我がままを言ったり、あなたを困らせるようなことをしてきます。

しかし、ムキになって相手をしても疲れるだけ。何を言ってきても、うまく受け流すことが関係を維持《いじ》するコツです。

相手の言動を反面教師として、冷静に観察するといった余裕のある態度で接するよう心がけてください。

平成21年の天王星人(－)からみた水星人(－)との相性運 【再会→停止】

★関わると好運気を活かせなくなる相手

すべてが順調にすすむ中で、唯一うまくいかないことがあるとすれば、片想いの相手が水星人(－)の場合です。クールで恋愛をゲームとして楽しむ水星人ですから、最終的には、あなたのひとり相撲に終わってしまうでしょう。心身ともに疲れ切って、せっかくの好運気を活《い》かせなくなる恐《おそ》れがあります。

今年の水星人(－)は、あなたのやることなすことすべてにブレーキをかけ、顔を合わせればケンカをふっかけてきますから、できるだけ避《さ》けるようにしてください。肉体関係を持ってしまうと泥沼《どろぬま》にはまりかねないので要注意です。

◆新庄剛志さんと大河内志保さんも〝相性殺界〟

〝宇宙人〟と呼ばれ、プロ野球の阪神タイガースと北海道日本ハムファイターズ、米大リーグではニューヨーク・メッツ、サンフランシスコ・ジャイアンツで活躍した新庄剛志《しんじょうつよし》さんと、タレントの大河内志保《おおこうちしほ》さんが平成19年12月に離婚しましたが、この二人も〝相性殺界〟です。

平成5年1月、石垣島《いしがきじま》で自主トレーニングに励《はげ》んでいた阪神時代の新庄さんを、大河内さんがスポーツ番組のレポーターとして取材したのが、交際のきっかけだったそうです。

その後、新庄さんに何度か女性問題が浮上《ふじょう》し、破局説も流れましたが、平成8年にふたたび熱愛が報じられ、新庄さんがメッツに入団が決定した平成12年12月に、約八年間の交際を経《へ》て結婚しました。

ところが、間の悪いことに、結婚してすぐ新庄さんが大リーグに移ったため、最初から単身赴任《たんしんふにん》となってしまいました。その理由として、新庄さんは「遠征《えんせい》でシーズンの半分はニューヨークを離れるため、安全な日本にいてほしい」、自分自身も「ひとりきりになって、ハングリーな状態でいたい」と語っていたそうです。

平成16年、新庄さんは日本球界に復帰《ふっき》したのですが、こんどは札幌へ単身赴任。

大河内さんが札幌に応援にきても、別々のホテルに宿泊していたと言われています。さらに、引退して東京に戻った新庄さんですが、大河内さんが留守を預《あず》かってきた家とは別のマンションに住んだのでした。

大河内さんが平成17年、約五年ぶりに芸能界に復帰したこともあって、すれ違い生活による夫婦の溝《みぞ》は埋《う》められなかったようです。

新庄さんは昭和47年1月28日、子《ね》年生まれの水星人（＋）で、霊合星の持ち主。一方、大河内さんは昭和46年10月31日、亥《い》年生まれの火星人（－）です。結婚した平成12年は、新庄さんがメイン＝〈立花〉、サブ＝〈安定〉の組み合わせ、大河内さんは〈財成〉と好運気でしたが、問題は二人の地運にありました。新庄さんにとって大河内さんは〃大殺界〃の〈陰影〉、大河内さんにとって新庄さんは〃小殺界〃の〈健弱〉の相手だったのです。まさに〃相性殺界〃の関係で、二人でいる時間が長くなればなるほど、おたがい息苦しくなってしまう間柄《あいだがら》と言えます。

とくに、新庄さんにとって大河内さんが〈陰影〉の相手だということは、みずからの運命に歪《ひず》みが生じてしまうことを意味しています。それによる束縛《そくばく》感や不自由な感覚は、世の中の常識にとらわれず自由奔放《ほんぽう》に生きることを望んでいる新庄さんにとって、耐《た》えがたいものとなったのではないでしょうか。

水星人は独立心旺盛《おうせい》で人に頼《たよ》るのをよしとしない性格ですし、火星人も何事もマイペースですすめていきたいと考えていますから、二人の生き方や価値観の違いが明らかになった以上、むしろ別々の道を歩んだほうがよいでしょう。

地運は生涯変わるものではないので、ズルズルと結婚生活を続けて傷つけ合うよりも、相手の価値観や生き方について相容《あい》れないものを感じたら、きっぱりと別れたほうが、おたがいのためだと言えます。

ここで、地運を知るために十二支の特徴《とくちょう》の一部を説明しますが、詳しくは『六星占術が教える十二支の読み方』(祥伝社刊)をお読みになってください。

▼**子《ね》年生まれ**＝どんな環境にも順応《じゅんのう》する柔軟《じゅうなん》性を持つが、内面には少々強引《ごういん》な面もある。知的好奇心《こうきしん》が旺盛《おうせい》でじっとしていられず、警戒心《けいかいしん》を持って行動するタイプ。

▼**丑《うし》年生まれ**＝愛情豊《ゆた》かで人情派。警戒心《けいかいしん》が強いために、常に受け身でいることが多いが、芯《しん》は強く、粘《ねば》り強く着実に人生を切り拓《ひら》いていく力を持つ。

▼**寅《とら》年生まれ**＝楽天家《らくてんか》で何事にも果敢《かかん》にトライするタイプだが、環境の変化に弱く、些細《ささい》なことで挫折《ざせつ》することも。人に奉仕《ほうし》する世界で大成《たいせい》することが可能。

▼**卯《う》年生まれ**＝慈愛《じあい》にあふれ、人を和《なご》ませることで、周囲から信頼と尊敬を集める。敵をつくるのを嫌い、強引《ごういん》な態度や一方的な態度をとらないのも特徴《とくちょう》。

▼**辰《たつ》年生まれ**＝冒険やロマンに憧《あこが》れる夢想家《むそうか》。小さなことにこだわらないスケールの大きさが魅力となって、社会や組織の中でリーダー格になる存在。

▼**巳《み》年生まれ**＝困難《こんなん》に屈《くっ》しない強い精神力や貪欲《どんよく》な向上心を持ち、実力以上のことにも挑戦するタイプ。習慣《しゅうかん》や伝統にとらわれない自由な発想の持ち主でもある。

▼**午《うま》年生まれ**＝だれとでもオープンにつき合うことができ、リーダーシップをとっていけるタイプ。また負けず嫌いなため、人に後《おく》れをとることを嫌う面も。

▼**未《ひつじ》年生まれ**＝のんびり屋のようでもすべてに気配《きくば》りを忘れず、世の中の動きを先取りする才能を持つ。芯《しん》も強く、地道な行動と忍耐力を発揮《はっき》して成功するタイプ。

▼**申《さる》年生まれ**＝気短《きみじか》で、即断即決《そくだんそっけつ》で事をすすめる行動派。偏屈《へんくつ》で頑固《がんこ》な面もあるが、考え方は伸縮自在《しんしゅくじざい》で柔軟《じゅうなん》性を持ち、常に前向きな姿勢で前進するタイプ。

▼**酉《とり》年生まれ**＝保守的で、頑《かたく》なにルールを守ろうとする。行動や考え方は現実的であり堅実《けんじつ》第一。人あたりもいいため、組織のまとめ役として実力を発揮《はっき》することも。

▼**戌《いぬ》年生まれ**＝明るく人なつっこい性格で、セックスアピールにあふれた存在。いったん心を許した相手は自分からはけっして裏切らず、忠誠《ちゅうせい》を尽《つ》くすのが特徴《とくちょう》。

▼**亥《い》年生まれ**＝信念を持つ意志強固《きょうこ》な人だが、協調性も豊《ゆた》か。何事にも自信を持って臨《のぞ》み、周囲を引っ張っていく力を持つ。頭の回転も速く、機転がきく。

[地運早見表]

自分の運命星 / 相手の干支	土星人		金星人		火星人		天王星人		木星人		水星人	
	＋	−	＋	−	＋	−	＋	−	＋	−	＋	−
子	◎	×	○	○	◎	△	◎	▲	○	○	×	×
丑	○	◎	△	○	▲	◎	○	◎	×	○	×	×
寅	○	○	◎	△	◎	▲	○	○	×	×	◎	×
卯	△	○	▲	◎	○	◎	×	○	×	×	○	◎
辰	◎	△	◎	▲	○	○	×	×	◎	×	○	○
巳	▲	◎	○	◎	×	○	×	×	○	◎	△	○
午	◎	▲	○	○	×	×	◎	×	○	○	◎	△
未	○	◎	×	○	×	×	○	◎	△	○	▲	◎
申	○	○	×	×	◎	×	○	○	◎	△	◎	▲
酉	×	○	×	×	○	◎	△	○	▲	◎	○	◎
戌	×	×	◎	×	○	○	◎	△	◎	▲	○	○
亥	×	×	○	◎	△	○	▲	◎	○	◎	×	○

表の見方

◎……理想的な組み合わせ
○……ほぼ安心していい組み合わせ
△……いい関係を保つには条件のつく組み合わせ
▲……波瀾のある組み合わせ
×……関わり合わないほうがいい組み合わせ

天王星人(+)↓子年生まれの人との相性

❤結婚すると経済的な困難がつきまとう

相手が何を考えているのか、また何を欲《ほっ》しているのか、それぞれおたがいの心が手にとるように理解できます。友だちとしても恋人としても、フィーリングの合う素晴《すば》らしい相性と言えるでしょう。

しかし、結婚だけは考えものです。あなたの人柄《ひとがら》で多少の障害《しょうがい》は乗り越えることができますが、子《ね》年生まれの人は生活能力に欠《か》けるため、経済的な困難《こんなん》がついて回りかねないからです。

結婚後は、さすがにルーズなあなたも、しっかりせざるを得ません。あなたが主導権を握って家庭を支えていくことが、必要不可欠《ふかけつ》な条件となるでしょう。

天王星人(+)↓丑年生まれの人との相性

❤大きな財運と愛情を注いでくれる相手

丑《うし》年生まれの人はしっかり者で、少しおとなしい性格です。そのうえ金銭的にもこまめにコツコツ貯《た》めていくタイプですから、金銭面で無軌道《むきどう》になりがちな天王星人(+)とは、まったく対照的な性格と言えます。

それだけに、事業のパートナー、また結婚相手としては最適です。本来、財運が強いにもかかわらず、無計画に浪費《ろうひ》しがちなあなたをうまくリードして、大きな財を築《きず》けるようにしてくれるでしょう。

セックス面でも、控《ひか》えめながらもおたがいに楽しむことができます。そして何よりも、あなたを心の底から愛してくれるのが丑年の人なのです。

天王星人(＋)↓寅年生まれの人との相性

❤あなたがうまくリードすればOK

寅《とら》年生まれの人とは、天王星人(＋)がリーダーシップをとることでうまくいく相性となります。

寅年の人は、いったん恋人、友だち、仕事仲間になると、その関係を非常に大切にしてくれます。とくに、仕事仲間としてはおたがいに信頼し合える、いい組み合わせになるでしょう。

恋多き天王星人(＋)も、寅年の人と出会えれば、誠実な愛を知ることができるだけでなく、しっかりと家庭につなぎ留《と》められ、人生の幸福を教えられるはずです。

幸せな家庭を持ちたい人は、あなたから寅年の人にアタックすることです。

天王星人(＋)↓卯年生まれの人との相性

❤冷たい卯年の人に傷つけられる相性

天王星人(＋)は、センスがよくクールな面を持つ卯《う》年生まれの人に、憧《あこが》れを抱《いだ》きがちです。しかし天王星人(＋)にとっては、恋愛や結婚の相手として考える場合、あなたの一方的な片想いに終わる悲劇的な相性となってしまいます。

というのも、卯年の人から天王星人(＋)を見ると、だらしなくてうとましいばかりか、しつこくてとてもつき合いきれない人に思えてしまうからです。あなたが燃えれば燃えるほど、相手は冷《さ》めてしまいます。

サディスティックと言ってもいいほど冷《つめ》たい態度をとられ、傷つくことが目に見えている相手と言っていいでしょう。

天王星人(＋)↓辰年生まれの人との相性

❤おたがいに裏切り合う最悪の関係

息が合わない相手です。あなたがどんなに誠意を尽《つ》くしても、辰《たつ》年生まれの人には、まったくと言っていいほど通じることはありません。考えていることが大きく食い違い、また歯車も合いません。一緒にいるだけで、心身ともに疲れてしまいます。

しかも、おたがいに裏切り合う最悪の関係ですから、職場や学校など、どんな場面でもパートナーとなることはタブーです。

とくに異性間では、あなたがどんなに辰年の人を愛したとしても、まったくその愛を受け入れてくれないでしょう。セックスでも、辰年の人には冷《つめ》たさを感じてしまい、満足することはできないはずです。

天王星人(＋)↓巳年生まれの人との相性

❤一緒にいると居心地が悪い

天王星人(＋)のあなたは、巳《み》年生まれの人といると、自分らしさを発揮《はっき》できず、始終《しじゅう》、居心地《いごこち》の悪さを感じてしまいます。

単なる友だちでも、一挙手一投足《いっきょしゅいっとうそく》に気を遣《つか》って滅入《めい》ってしまうのに、恋人どうしや夫婦の場合はなおさらです。巳年の人の、物事を主観的に断定してしまう面が、優柔不断《ゆうじゅうふだん》で楽天家《らくてんか》の天王星人(＋)をギリギリまで追《つ》い詰めかねないのです。

職場でも、巳年の人との相性はあまりよくありません。きちんとしていないと気が済《す》まない巳年の人は、あなたのルーズさを容赦《ようしゃ》なく責め立てます。こうなると、ただひたすら耐《た》えるしかありません。

天王星人(+)↓午年生まれの人との相性

❤結婚するには願ってもない相手

利害関係がない友人どうしだと、おたがいに気の合う仲間となります。とくに天王星人(+)にとっては、午《うま》年生まれの人とは会えば楽しく、会わなくても寂《さび》しくないといったような、気ままな関係を続けることができるでしょう。

また、午年の異性とは「この人と結婚するかもしれない……」とインスピレーションを感じてつき合いをはじめることも少なくありません。知り合ってすぐに同棲《どうせい》生活をはじめる可能性が高い組み合わせです。

結婚、同棲相手としては願ってもない相手ですから、いい天運を選び、二人の人生をスタートさせてください。

天王星人(+)↓未年生まれの人との相性

❤能力を高め合える理想的な関係

未《ひつじ》年生まれの人は、友だちとしても、また恋人としても、一緒にいるだけで楽しくてたまらないという相手です。

愛情の深い天王星人(+)のあなたを、未年の人は憎《にく》からず思っていますから、恋人になりたいと考えているのなら、あなたから積極的にアプローチすることです。

セックス面での相性も悪くありません。奔放《ほんぽう》な天王星人(+)を、未年の人は満足させてくれることでしょう。

また、二人がつき合いはじめることによって、おたがいに相手の能力を高め合えるため、仕事仲間としても、将来、大いに期待の持てる関係になります。

天王星人(＋)↓申年生まれの人との相性

❤家庭がとても楽しくなる相手

人が大好きな天王星人(＋)といることによって、陽気な面が出てくる申《さる》年生まれの人とは、理想的な関係をつくることができます。趣味も食べ物の好みもぴったり。この二人が夫婦となれば楽しくて明るい家庭が築《きず》けることでしょう。

また申年の人は、気の早いところがありますが、のんびり屋の天王星人(＋)のあなたを急《せ》かしてくれるので、申年の人と組むことによって、何事もいいペースですすめることができます。

ただ、恋人どうしの場合、天王星人(＋特有の優柔不断《ゆうじゅうふだん》さを改め、テキパキと決断することが必要です。

天王星人(＋)↓酉年生まれの人との相性

❤結婚も仕事もうまくいかない間柄

天王星人(＋)のいい面を壊《こわ》してしまう可能性があるのが、酉《とり》年生まれの人です。

神経質で口やかましい酉年の人の前に出ると、ルーズで楽天《らくてん》的な天王星人(＋)は萎《い》縮《しゅく》してしまい、能力を十分に出し切れなくなります。

しかも、あなたの人間的な温《あたた》かさも、形式や格式を重《おも》んじる酉年の人の前では、何の意味も持たなくなってしまうのです。

結婚はもちろん、仕事のパートナーとしてもうまくいかない組み合わせです。とくに天王星人(＋)は、酉年の人によって心身ともに追い詰《つ》められる恐《おそ》れもあるので、注意したい相手です。

天王星人（＋）↓戌年生まれの人との相性

♥何をしても楽しい存在

戌《いぬ》年生まれの人は、恋愛、結婚のパートナーとして最高です。戌年の人は、明るく人なつっこい性格で、いったん心を許した相手に対して、自分から裏切ることはありません。そんなところが、感情や人情を重《おも》んじる天王星人（＋）にぴったりとフィットするからです。

そのため、つき合っていて、あなたのほうから飽《あ》きるということは、まずありません。何をしても楽しい存在として、あなたの心を奪《うば》い続けることでしょう。

セックスにおいても、戌年の人は天王星人（＋）の欲求を満《み》たしてくれる、かけがえのない存在となります。

天王星人（＋）↓亥年生まれの人との相性

♥イライラさせられるつき合いにくい相手

天王星人（＋）にとって、亥《い》年生まれの人は、第一印象で気むずかしいという感じを与えられます。この印象がいつまでたっても抜けないため、つき合いにくい相手と言っていいでしょう。

たとえば、誰彼《だれかれ》と構《かま》わず自分の心を打ち明け、相手の心のうちも知りたがる天王星人（＋）は、なかなか手のうちを明かさない亥年の人にイライラしどおしでしょう。相手もそれを察《さっ》して、ますます気まずい関係になってしまうのです。

親子でも夫婦でも、また、仕事仲間であっても、天王星人（＋）のあなたが相手に譲《ゆず》らなければ、うまくいきません。

天王星人(二)→子年生まれの人との相性

❤災いや破綻を招く恐れが

子年《ね》生まれの人とは、何をするにも災《わざわ》いを招く危険性を秘《ひ》めています。もともとこの組み合わせでは、二人に共通するだらしなさ、無計画さが、他人に迷惑をかけてしまうからです。

しかも、そういった場面で天王星人(二)は、子年の人の心がわかりすぎるゆえに、逆にののしり合い、ケンカになってしまうことが少なくありません。

二人で暮らしはじめると、経済観念のなさに輪をかけることになり、あっという間に破綻《はたん》をきたします。セックス面でもだらしなく、〝貧乏人の子だくさん〟となりやすいのがこのカップルなのです。

天王星人(二)→丑年生まれの人との相性

❤セックスを除けばまたとない結婚相手

あなたのルーズさを補《おぎな》い、幸運をもたらしてくれるのが丑年《うし》生まれの異性です。

お金に堅実《けんじつ》で、コツコツと計画的に貯《た》めるような丑年の人は、行きあたりばったりの生活になりがちな天王星人(二)の生活を軌道《きどう》修正してくれます。また、ルーズな天王星人は、丑年の人と一緒にいるだけで、なぜかこまめに働くようになります。結婚を考えているのなら、丑年の人はまたとない相手と言えるでしょう。

しかし、テクニックに執着《しゅうちゃく》してしまい、心がともなわないセックスをしがちな丑年の人と、愛情重視の天王星人(一)とでは、おたがいに不満を募《つの》らせてしまいがちです。

天王星人(−)→寅年生まれの人との相性

♥あなたの信頼に応えてくれるよき相手

人を信用しすぎて損をすることがある天王星人(−)ですが、相手が寅《とら》年生まれの人なら、誠実で優しく、けっしてあなたを裏切ることはありません。とくに仕事仲間に選ぶと、よきパートナーとしてあなたの信頼に応《こた》えてくれます。

ただ、恋人となると、恥ずかしがり屋の寅年の人に当惑《とうわく》することも少なくありません。あなたが誠実な愛情を期待するのなら、地道な交際を続けることです。

また、寅年の人の朴訥《ぼくとつ》さはベッドの上でもあらわれます。多少、不器用《ぶきよう》かもしれませんが、それであなたに不満を感じさせることは、まずないでしょう。

天王星人(−)→卯年生まれの人との相性

♥同性の友だち、仕事仲間ならいい関係に

まずまずの相性です。ただ、恋人として交際を続けるだけならいいのですが、いざ結婚となるとなかなかうまく進展しない場合もあるので覚悟《かくご》してください。

しかし卯《う》年生まれの人は、同性の友だちや仕事仲間としては最適です。

一定の距離をおいてつき合う分には、いい関係を保つことができると言っていいでしょう。

ショッピングにつき合ってもらったり、服のコーディネートのアドバイスをしてもらったりする間柄《あいだがら》なら、卯年の人はあなたにとってよき友人、アドバイザーとなってくれるはずです。

天王星人(－)↓辰年生まれの人との相性

♥おたがいに近づかないことがいちばん

温和《おんわ》で八方美人《はっぽうびじん》のあなたでも、どうしても合わない人がいるとしたら、それは辰《たつ》年生まれの人かもしれません。おたがいの性格とか人間性の問題ではなくて、相性が悪いとしか言いようがないのです。

天王星人(－)のあなたの目には辰年の人は、なぜか冷酷《れいこく》で非情《ひじょう》な人に映ります。また、辰年の相手からすれば、あなたはだらしがなく、甘ったれのどうしようもない人と見えてしまうのです。

この二人は、何をしても途中で行き詰《づ》まるという相性ですから、とにかく当たり障《さわ》りのないよう、おたがいに近づかないことがいちばんと言えるでしょう。

天王星人(－)↓巳年生まれの人との相性

♥セックスの相性も最悪の二人

とにかく合わないのがこの二人です。二人でいると、おたがいの嫌《いや》な面ばかりが強調されやすく、周囲の人間にまで嫌悪《けんお》感を与えてしまいかねません。

とくに、大らかな天王星人(－)には、巳《み》年生まれの人の、神経質で人に対して攻撃的な面が気に障《さわ》ります。

セックスの相性も最悪です。あなたが大胆《だいたん》に振る舞って、コミュニケーションを図《はか》ろうとすればするほど、相手の情熱は冷《さ》めて、気持ちも遠《とお》のいてしまいます。

天王星人(－)のあなたと巳年の人は、永遠に快楽を共有することはできないと言っていいほどの相性なのです。

天王星人(−)↓午年生まれの人との相性

♥仕事相手としては避けるべき相手

気分で行動しやすいという二人に共通した性格が、単なる我がままのぶつかり合いとなってしまい、ケンカが絶《た》えません。

また、午年生《うま》まれの人を仕事上のパートナーに得て、会社を興《おこ》したとしても、二人とも管理能力ゼロ。しかも、冷静に物事を判断するのが大の苦手《にがて》ときていますから、最悪の場合には、倒産という悲劇的な結末を迎えないともかぎりません。

これは、天王星人(−)にとって午年の人が〈減退〉に位置するため、仕方がないのですが、二人が相手のことを思いやるのであれば、直接助け合うというよりも、遠く離れて応援し合うほうがいいでしょう。

天王星人(−)↓未年生まれの人との相性

♥結婚したら親元から離れるのがベスト

おたがいに惹《ひ》かれ合って交際がはじまりますが、異性どうしの場合は、天王星人(−)の煮《に》え切らない態度が、一時的に未《ひつじ》年生まれの人を惑《まど》わすこともあります。

しかし、結婚運はとてもいいので、あなたしだいで理想的なカップルとなります。

ただし、天王星人(−)も未年の人も、親元から離れて幸せをつかむ傾向にあるので、結婚したら、親と別居《べっきょ》して二人だけの世界をつくったほうが長続きするはずです。

また、友人や仕事仲間としても、いい関係をつくることができます。目的を同じくする二人が出会ったときは、生涯の親友となることでしょう。

天王星人(一)↓中年生まれの人との相性

♥トラブルを笑い飛ばす余裕のある相性

中年生《さる》まれの人は、元来《がんらい》、行動的でほがらかですから、人づき合いの好きな天王星人とは、楽しくにぎやかな関係になります。

また、二人が家庭を持てば、多少のトラブルは笑い飛ばしてしまうほどの明るい家庭を築《きず》くことができます。

ただ、中年は案外《あんがい》、気短《きみじか》な面を持っていますから、即断即決《そくだんそっけつ》で事をすすめますから、いざというときに、あなたが煮《に》え切らないでいると、さっさと別の人のところに行ってしまいかねないでしょう。中年生まれは、あなたが伸び伸びと振る舞える理想の相手ですから、せっかくのチャンスをみすみす逃《のが》さないように気をつけましょう。

天王星人(一)↓酉年生まれの人との相性

♥好運気では将来を決定づける重要な人物

家庭的で人の温《あたた》かさを求めるあなたには、酉《とり》年生まれの人との結婚は、あまりおすすめできません。

それは、あなたが家庭や恋人との関係に夢見ていた人間的な交流や楽しさを、酉年の人が壊《こわ》しがちだからです。

セックスに関《かん》しても、天王星人(一)の期待には応《こた》えてくれません。とにかく素直《すなお》に楽しもうとしてくれないのです。

しかし、あなたが好運気に入っていれば、いい意味で、酉年の人が将来を決定づけてくれる重要な人物となります。

逆に〝大殺界〟のときには、近づかないほうが賢明《けんめい》と言えます。

天王星人(−)→戌年生まれの人との相性

♥財産がゼロになりかねない組み合わせ

戌《いぬ》年生まれの人とは、結婚することによって健康が損《そこ》なわれるという好ましくない相手です。しかも戌年の人は、稼《かせ》ぐより遣《つか》うほうが得意《とくい》ですから、お世辞《せじ》にも経済観念があるとは言えません。そこに、同じくどんぶり勘定《かんじょう》のあなたが加われば、財産がゼロになりかねないでしょう。

お人好《ひとよ》しの天王星人(−)は、ともすると、戌年の異性に心身だけでなく経済面でも振り回され、すべてを奪《うば》いとられて終わる危険性も秘《ひ》めています。

神秘《しんぴ》的な魅力のある相手ではありますが、ビジネスのパートナーや結婚相手としては避《さ》けたほうが賢明《けんめい》でしょう。

天王星人(−)→亥年生まれの人との相性

♥あなたの優しさが相手の心を開かせる

天王星人(−)のあなたなら、亥《い》年の人の本心や、一本気《いっぽんぎ》なところに隠《かく》された情《じょう》の深さを理解することができますから、何事も受け入れてあげることができます。

そして、相手があなたの優しさに心を動かされ、友情や愛情に応《こた》えようと必死の努力をすることで、二人は固い絆《きずな》でしっかりと結ばれるはずです。

亥年の人は、じっくりつき合えばつき合うほど、思いもかけない深みのある人間性を出してくれます。

ただ、自分の心の中を覗《のぞ》かれるのを嫌う亥年の人に対しては、無神経な振る舞いだけは控《ひか》えることが大切です。

◆星どうしの相性が悪い花田勝さんと美恵子さん

運命星どうしで見る相性は、先に説明した天運や地運ほど重視する必要はありません。しかし、それぞれの性格は運命星が何かによってあらかた決まりますから、その読み方を知っておけば、上手《じょうず》なつき合い方ができます。

同じ運命星どうしでなら、相手の考えていることが、言葉にせずとも、手に取るようにわかります。いわゆる〝あうんの呼吸〟です。しかし、木星人のように、石橋をたたいてわたる堅実《けんじつ》な性格とプライドが高くフィーリングまかせの火星人のような対極にある運命星が一緒になると、悪い結果を招きます。

大相撲の元横綱で、現在は実業家として活躍している花田勝《はなだまさる》さんが平成19年10月、妻の美恵子《みえこ》さんと離婚しました。四人の子どもにも恵まれ、仲むつまじい夫婦と思われていましたが、離婚の五年前からすでに別居《べっきょ》していたそうです。じつは、この二人も運命星の相性が悪いカップルです。

花田さんは昭和46年1月20日生まれの木星人(一)、美恵子さんは昭和44年3月14日生まれの火星人(一)です。木星人と火星人は性格が正反対で、おたがいの気持ちにズレが生じると、どんどん亀裂《きれつ》が深まっていく傾向があります。結局、その溝《みぞ》を修復できず離婚にいたってしまったのでしょう。

[星別相性早見表]

	土星人	金星人	火星人	天王星人	木星人	水星人
土星人	△	◎	×	△	△	△
金星人	◎	▲	○	◎	△	○
火星人	×	○	▲	△	▲	△
天王星人	△	◎	△	▲	◎	△
木星人	△	△	▲	◎	×	△
水星人	△	○	△	△	△	▲

表の見方

◎……理想的な組み合わせ
○……ほぼ安心していい組み合わせ
△……いい関係を保つには条件のつく組み合わせ
▲……波瀾のある組み合わせ
×……関わり合わないほうがいい組み合わせ

天王星人と土星人の相性

◆時間をかければわかり合える二人

真面目《まじめ》で年寄りじみたところのある土星人と、派手《はで》好きでちゃらんぽらんなところのある天王星人。おたがいに自分の陰《かげ》の部分を見ているような気分になって、なかなか相手の美点《びてん》を素直《すなお》に認められません。友だちになるまでに、かなり時間がかかる二人と言えるでしょう。

しかし、時として、おたがいにないものに惹《ひ》かれ合って恋愛関係に発展する場合もあります。

とくに、一定の年月を経《へ》たカップルや、酸《す》いも甘いもかみ分けた再婚どうしのカップルなら、自分にはないものを相手から吸収し、向上し合うことができます。

天王星人と金星人の相性

◆最高のパートナーになれる相性

恋人としても夫婦としても、また友人、仕事仲間としても最高の相性です。つき合ってから一度もケンカをしたことがないという二人も多いのではないでしょうか。

また、この二人が結婚すると、古いしきたりにとらわれることなく新しいライフスタイルの家庭をつくっていきます。

ベッドでの相性もよく、セックスパートナーとしてもおたがいに満足のいくプレイを楽しむことができます。子宝にも恵まれるので、明るく、にぎやかな家庭となることでしょう。ただ、結婚せずにいると、愛情のないセックスに溺《おぼ》れる可能性があるので、早めに結婚しましょう。

天王星人と火星人の相性

◆ベタベタしなければうまくいく仲

出会ったとたんにインスピレーションを感じて恋に落ちることもあります。

ただ、たまに会っている分にはいい関係を持続できるのですが、結婚したり、毎日顔をつき合わせる仕事仲間となると、なかなかそうはいきません。

長くつき合えばつき合うほど、おたがいの長所も短所も見え過ぎて、ケンカが絶《た》えなくなってしまうからです。もし二人で生活をしようと思うなら、あまりベタベタするのではなく、ある意味すれ違いカップルになるのも手かもしれません。おたがいの欠点を指摘《してき》し合わず、相手の自由を認め合う包容力《ほうようりょく》を持って接することが大切です。

天王星人と天王星人の相性

◆逆境でこそ固く結ばれる二人

二人とも人間が好きで、結婚しても、まるでグループ交際のように、いつもたくさんの人に囲まれているにぎやかなカップルとなります。

楽しい家庭を築《きず》くことはできますが、半面、安定した状況になると、やる気をなくし、浮気に走ったりするのも、この夫婦にはありがちなことです。

しかし、〝波瀾万丈《はらんばんじょう》の人生〟では、逆にその真価が発揮《はっき》され、障害《しょうがい》が多いほど燃えあがり、固い絆《きずな》で結ばれます。結婚に反対されたり、子どもが非行に走ったりしようものなら、すぐさまパートナーシップを発揮し、トラブルに対処《たいしょ》することでしょう。

天王星人と木星人の相性

◆欠点を補い合う最高のカップル

愛情が深い半面、だらしないところがある天王星人のあなたにとって、朴訥《ぼくとつ》な木星人がブレーキ役となり、理想的なパートナーになってくれます。

仕事でもおたがいの欠点を補《おぎな》い合えるので、共同経営者としても最高の組み合わせと言えるでしょう。

もしも恋愛関係になれば、惹《ひ》かれ合うものを生涯持ち続け、けっして別れることはありません。優しい性格が相乗効果《そうじょうこうか》をもたらし、温《あたた》かい家庭を築《きず》くことでしょう。

ただしセックス面では、開放的な天王星人は、保守的な木星人に、多少、もの足《た》りなさを感じることがあるかもしれません。

天王星人と水星人の相性

◆天王星人の愛が水星人を変える

クールで一見スマートな水星人は、天王星人の憧《あこが》れの存在です。〝恋多き〟はずの天王星人が、すべてを捨《す》てても一緒になりたいと恋い焦《こ》がれてしまいます。ですからこの組み合わせの場合、あなたの幸せは水星人しだいということになります。

利己的な水星人の心を惹《ひ》きつけるには、献身《けんしん》的な愛しかありません。ただ、〝一念《いちねん》、岩をもとおす〟の勢いで尽《つ》くし続ければ、水星人の人生観さえも変えてしまう可能性があるのもこのカップルです。

ただし、二人の間に親が関《かか》わってくるとうまくいきません。結婚するなら親との同《どう》居《きょ》は避《さ》けるべきでしょう。

天王星人の運命カレンダー●平成20年10月〜21年12月

★運命カレンダーの見方
天王星(+)と(−)の人の毎日の運気がわかります。　で示した部分は"大殺界"で、注意が必要な日です。なお、年運および月運のめぐりで、とくに注意したい"アンラッキーデー"と、より幸運な"ラッキーデー"については、本文の「月別運気」を参照してください。

［平成20年］

(−)年運〈乱気〉			(+)年運〈再会〉			
12月	11月	10月	12月	11月	10月	月/日
乱気	達成	健弱	再会	乱気	達成	月運
達成	停止	健弱	乱気	減退	達成	1
乱気	減退	達成	再会	種子	乱気	2
再会	種子	乱気	財成	緑生	再会	3
財成	緑生	再会	安定	立花	財成	4
安定	立花	財成	陰影	健弱	安定	5
陰影	健弱	安定	停止	達成	陰影	6
停止	達成	陰影	減退	乱気	停止	7
減退	乱気	停止	種子	再会	減退	8
種子	再会	減退	緑生	財成	種子	9
緑生	財成	種子	立花	安定	緑生	10
立花	安定	緑生	健弱	陰影	立花	11
健弱	陰影	立花	達成	停止	健弱	12
達成	停止	健弱	乱気	減退	達成	13
乱気	減退	達成	再会	種子	乱気	14
再会	種子	乱気	財成	緑生	再会	15
財成	緑生	再会	安定	立花	財成	16
安定	立花	財成	陰影	健弱	安定	17
陰影	健弱	安定	停止	達成	陰影	18
停止	達成	陰影	減退	乱気	停止	19
減退	乱気	停止	種子	再会	減退	20
種子	再会	減退	緑生	財成	種子	21
緑生	財成	種子	立花	安定	緑生	22
立花	安定	緑生	健弱	陰影	立花	23
健弱	陰影	立花	達成	停止	健弱	24
達成	停止	健弱	乱気	減退	達成	25
乱気	減退	達成	再会	種子	乱気	26
再会	種子	乱気	財成	緑生	再会	27
財成	緑生	再会	安定	立花	財成	28
安定	立花	財成	陰影	健弱	安定	29
陰影	健弱	安定	停止	達成	陰影	30
停止		陰影	減退		停止	31

平成21年天王星人(＋)●年運〈財成〉

12月	11月	10月	9月	8月	7月	6月	5月	4月	3月	2月	1月	月/日
再会	乱気	達成	健弱	立花	緑生	種子	減退	停止	陰影	安定	財成	月運
停止	達成	陰影	健弱	安定	緑生	財成	種子	再会	減退	財成	種子	1
減退	乱気	停止	達成	陰影	立花	安定	緑生	財成	種子	安定	緑生	2
種子	再会	減退	乱気	停止	健弱	陰影	立花	安定	緑生	陰影	立花	3
緑生	財成	種子	再会	減退	達成	停止	健弱	陰影	立花	停止	健弱	4
立花	安定	緑生	財成	種子	乱気	減退	達成	停止	健弱	減退	達成	5
健弱	陰影	立花	安定	緑生	再会	種子	乱気	減退	達成	種子	乱気	6
達成	停止	健弱	陰影	立花	財成	緑生	再会	種子	乱気	緑生	再会	7
乱気	減退	達成	停止	健弱	安定	立花	財成	緑生	再会	立花	財成	8
再会	種子	乱気	減退	達成	陰影	健弱	安定	立花	財成	健弱	安定	9
財成	緑生	再会	種子	乱気	停止	達成	陰影	健弱	安定	達成	陰影	10
安定	立花	財成	緑生	再会	減退	乱気	停止	達成	陰影	乱気	停止	11
陰影	健弱	安定	立花	財成	種子	再会	減退	乱気	停止	再会	減退	12
停止	達成	陰影	健弱	安定	緑生	財成	種子	再会	減退	財成	種子	13
減退	乱気	停止	達成	陰影	立花	安定	緑生	財成	種子	安定	緑生	14
種子	再会	減退	乱気	停止	健弱	陰影	立花	安定	緑生	陰影	立花	15
緑生	財成	種子	再会	減退	達成	停止	健弱	陰影	立花	停止	健弱	16
立花	安定	緑生	財成	種子	乱気	減退	達成	停止	健弱	減退	達成	17
健弱	陰影	立花	安定	緑生	再会	種子	乱気	減退	達成	種子	乱気	18
達成	停止	健弱	陰影	立花	財成	緑生	再会	種子	乱気	緑生	再会	19
乱気	減退	達成	停止	健弱	安定	立花	財成	緑生	再会	立花	財成	20
再会	種子	乱気	減退	達成	陰影	健弱	安定	立花	財成	健弱	安定	21
財成	緑生	再会	種子	乱気	停止	達成	陰影	健弱	安定	達成	陰影	22
安定	立花	財成	緑生	再会	減退	乱気	停止	達成	陰影	乱気	停止	23
陰影	健弱	安定	立花	財成	種子	再会	減退	乱気	停止	再会	減退	24
停止	達成	陰影	健弱	安定	緑生	財成	種子	再会	減退	財成	種子	25
減退	乱気	停止	達成	陰影	立花	安定	緑生	財成	種子	安定	緑生	26
種子	再会	減退	乱気	停止	健弱	陰影	立花	安定	緑生	陰影	立花	27
緑生	財成	種子	再会	減退	達成	停止	健弱	陰影	立花	停止	健弱	28
立花	安定	緑生	財成	種子	乱気	減退	達成	停止	健弱		達成	29
健弱	陰影	立花	安定	緑生	再会	種子	乱気	減退	達成		乱気	30
達成		健弱		立花	財成		再会		乱気		再会	31

平成21年天王星人(－)●年運〈再会〉

12月	11月	10月	9月	8月	7月	6月	5月	4月	3月	2月	1月	月/日
乱気	達成	健弱	立花	緑生	種子	減退	停止	陰影	安定	財成	再会	月運
陰影	健弱	安定	立花	財成	種子	再会	減退	乱気	停止	再会	減退	1
停止	達成	陰影	健弱	安定	緑生	財成	種子	再会	減退	財成	種子	2
減退	乱気	停止	達成	陰影	立花	安定	緑生	財成	種子	安定	緑生	3
種子	再会	減退	乱気	停止	健弱	陰影	立花	安定	緑生	陰影	立花	4
緑生	財成	種子	再会	減退	達成	停止	健弱	陰影	立花	停止	健弱	5
立花	安定	緑生	財成	種子	乱気	減退	達成	停止	健弱	減退	達成	6
健弱	陰影	立花	安定	緑生	再会	種子	乱気	減退	達成	種子	乱気	7
達成	停止	健弱	陰影	立花	財成	緑生	再会	種子	乱気	緑生	再会	8
乱気	減退	達成	停止	健弱	安定	立花	財成	緑生	再会	立花	財成	9
再会	種子	乱気	減退	達成	陰影	健弱	安定	立花	財成	健弱	安定	10
財成	緑生	再会	種子	乱気	停止	達成	陰影	健弱	安定	達成	陰影	11
安定	立花	財成	緑生	再会	減退	乱気	停止	達成	陰影	乱気	停止	12
陰影	健弱	安定	立花	財成	種子	再会	減退	乱気	停止	再会	減退	13
停止	達成	陰影	健弱	安定	緑生	財成	種子	再会	減退	財成	種子	14
減退	乱気	停止	達成	陰影	立花	安定	緑生	財成	種子	安定	緑生	15
種子	再会	減退	乱気	停止	健弱	陰影	立花	安定	緑生	陰影	立花	16
緑生	財成	種子	再会	減退	達成	停止	健弱	陰影	立花	停止	健弱	17
立花	安定	緑生	財成	種子	乱気	減退	達成	停止	健弱	減退	達成	18
健弱	陰影	立花	安定	緑生	再会	種子	乱気	減退	達成	種子	乱気	19
達成	停止	健弱	陰影	立花	財成	緑生	再会	種子	乱気	緑生	再会	20
乱気	減退	達成	停止	健弱	安定	立花	財成	緑生	再会	立花	財成	21
再会	種子	乱気	減退	達成	陰影	健弱	安定	立花	財成	健弱	安定	22
財成	緑生	再会	種子	乱気	停止	達成	陰影	健弱	安定	達成	陰影	23
安定	立花	財成	緑生	再会	減退	乱気	停止	達成	陰影	乱気	停止	24
陰影	健弱	安定	立花	財成	種子	再会	減退	乱気	停止	再会	減退	25
停止	達成	陰影	健弱	安定	緑生	財成	種子	再会	減退	財成	種子	26
減退	乱気	停止	達成	陰影	立花	安定	緑生	財成	種子	安定	緑生	27
種子	再会	減退	乱気	停止	健弱	陰影	立花	安定	緑生	陰影	立花	28
緑生	財成	種子	再会	減退	達成	停止	健弱	陰影	立花		健弱	29
立花	安定	緑生	財成	種子	乱気	減退	達成	停止	健弱		達成	30
健弱		立花		緑生	再会		乱気		達成		乱気	31

[平成21年版]
六星占術による
天王星人の運命
細木数子

●二〇〇八年八月二十日　初版発行

発行者——栗原幹夫
発行所——KKベストセラーズ
〒一七〇—八四五七
東京都豊島区南大塚二—二九—七
電話〇三—五九七六—九一二一(代表)
振替〇〇一八〇—六—一〇三〇八三
http://www.kk-bestsellers.com/

印刷所——凸版印刷　製本所——凸版印刷

●落丁・乱丁はお取替えいたします。
定価はカバーに明記してあります。
Printed in Japan ISBN978-4-584-30868-4

WANIBUNKO
30868